【中华文化与中华经典系列】

总主编 徐向东

中华典故

主编 张林

上海交通大学出版社
SHANGHAI JIAO TONG UNIVERSITY PRESS

内容提要

　　本书是交大附中开发的文化课程系列中的一本，主要从中华典故、中华典故与器物文化、中华典故与精神追求、中华典故与起名艺术、中华典故与典亲制度、课本中的典故、先秦诸子百家中的中华典故、中华典故的流变系方面，详尽介绍了"典故"这个中华文化中的瑰宝，为拓展中学生的视野、培养学生的文化修养拓展了新的途径。

图书在版编目（CIP）数据

中华典故/张林主编. —上海：上海交通大学出版社，2017
（中华文化与中华经典系列）
ISBN 978‑7‑313‑17788‑9

Ⅰ. ①中… Ⅱ. ①张… Ⅲ. ①汉语—典故—通俗读物
Ⅳ. ①H136.3‑49

中国版本图书馆 CIP 数据核字（2017）第 180835 号

中华典故

主　　编：张　林	
出版发行：上海交通大学出版社	地　　址：上海市番禺路 951 号
邮政编码：200030	电　　话：021‑64071208
出 版 人：郑益慧	
印　　制：上海天地海设计印刷有限公司	经　　销：全国新华书店
开　　本：880mm×1230mm　1/32	印　　张：6
字　　数：116 千字	
版　　次：2017 年 8 月第 1 版	印　　次：2017 年 8 月第 1 次印刷
书　　号：ISBN 978‑7‑313‑17788‑9/H	
定　　价：49.00 元	

总　序

　　上海交通大学附属中学是上海传统的"四大名校"之一，地处宝山区高境镇。其地因庙而得名，据民国时期《江湾里志》记载：高境庙。在镇东北殷九图，祀汉陈曲逆侯。"该庙始建于元朝末年，原在吉浦河东侧，文革时因河流改道而划入校内。庙毁于文革时期，今为学校花园"仰晖园"。陈曲逆侯即汉朝开国功臣陈平，被封为曲逆侯，曾"六出奇计"助刘邦夺取天下。司马迁《史记》称其人"常出奇计，救纷纠之难，振国家之患。"正是在这样一位杰出历史人物的庙墟之上，交大附中走过了六十多载的风雨历程。

　　早在上世纪八九十年代，交大附中就以其优秀的理科教学而闻名沪上，特别是物理学科在当时独树一帜，成为该校的品牌和特色。进入新世纪以来，学校一方面继续巩固理科的优势地位，一方面也逐渐重视文科的建设和发展。近几年来，该校文、史学科的高考成绩始终在区内名列前茅，学生在上海市中学生作文竞赛、中学生古诗文阅读大赛以及上海市青少年科创大赛（社会科学）中也屡创佳绩，我想这与其"文化立校"的发展新策有直接联系。在学校新一轮的发展规划中，徐向东校长明确提出"要通过文化建设丰实办学内涵"的教育理念。他认为："学校文化综合体现着一所学校的办学品质和学校成员的发展状态，因此，要创生卓越品质，我们需要将文化立校作为一条重要的发展策略。"摆在我们面前的这一套《中华文化与中华经典》丛书，就是学校为配合开展中学文化课程系列而精心打造的校本教材。

该丛书紧扣中华文化与中华经典的核心内容，即以经、史、子、集为分类传统的"四部文明"，旨在引导学生阅读经典，培养兴趣，感知文化，陶冶身心。经部主要是儒家经典著作，如"四书五经"之类；史部主要收录历史以及政治、地理等方面的著作，如《史记》《水经注》等；子部涵盖了哲学、军事、天文、数学、医学、农业、艺术、工商等各方面的内容，如《老子》《庄子》等；集部主要收录总集、别集及其他各种文学作品。由此可见，"四部文明"不仅仅只是文学和历史，它包含了人文科学和社会科学的方方面面，甚至还涉及自然科学。与此相应的是，本丛书也分为四册，曰：中华典故，曰：唐诗宋词拾趣，曰：前秦诸子导读，曰：四部经典导读。典故大多出自经、史、子三部，而诗词则是集部之精粹。因此，从读者的角度而言，学习典故可以夯实基础，阅读诗词可以激发兴趣，而诸子导读和四部经典的选读则是拓展与延伸，四册读本俨然形成了一个循序渐进的学习过程。四部典籍基本上都是古代文言著作，考虑到学生的语言阅读能力，本丛书所选主要以古文和诗词为主，并配以相应的注解和译文。因为古诗文不仅是高中语文的基本教学内容，而且代表了我们民族优秀的传统文化。习近平总书记指出：古诗文经典已融入中华民族的血脉，成了我们的基因。我们现在一说话就蹦出来的那些东西，都是小时候记下的。语文课应该学古诗文经典，把中华民族优秀传统文化不断传承下去。"

"百年大计，请从文化始。"我相信，这一套丛书的出版，必将对上海交通大学附属中学的文科建设产生深远影响，也将对学生的文化教育和学校的文化发展起到推波助澜的有效作用。故乐为之序。

彭国忠

华东师范大学中文系教授、 博士生导师

2016 年 10 月

序

　　在文学作品中使用典故，以增强作品的表现力和感染力，古人称之为"用典"，也叫作"用事"。南朝钟嵘《诗品》云：至于吟咏性情，亦何贵于用事？"上海市高级中学的《语文学科教学基本要求》对"用典"有明确的规定和要求：理解典故需要把握两点：一是典故本身的内容，二是典故在一定语境中的表达作用。"① 而在上海市二期课改的语文教材中，也不乏一些以用典见长的文学作品。其中，既有如辛弃疾《永遇乐·京口北固亭怀古》这样的古典诗词，也有像鲁迅《为了忘却的纪念》这样的现代散文。因此，在高考中也经常会出现与典故相关的题目，比如上海高考语文卷中就考到了王维《晚春严少尹与诸公见过》诗中用典的情况。由此可见，用典不仅是文学作品常用的一种表现手法，也是高中语文学习和考查的重要知识技能。

---

① 上海市教育委员会教学研究室编《上海市高级中学语文学科教学基本要求（试用本）》，华东师范大学出版社 2011 年版，第 20 页。

　　那么，我们应该如何学习典故？如何通过阅读来积累典故？又应该如何来理解文学作品中使用的典故？甚至如何在自己的写作中融入典故？张林老师编写的这本《中华典故》，对于高中生学习典故和阅读典故无疑是大有裨益的。

　　本书对于典故的定义、类别、来源、分类等均有简明的理论阐述，同时又从器物文化、精神追求、起名艺术、典章制度等角度分类解析了中华传统典故共计二百余则，并对昭君出塞、女娲补天、勒石燕然等著名典故进行深入研究，考知流变，体现了一定的学术思考和研究价值。作为《中华文化与中华经典》书系之一，本书紧扣"经典"和"文化"这两大主题，在内容和结构的安排上独具匠心，主要表现为以下三个方面：

　　(1) 根植经典。什么是典故？用国学大师启功先生的话来说，"典故一词，本是指'书中的故事'。后来借用它来比喻、说明另一个问题或论点，被借用来的故事因出于典籍，所以叫做'典故'。"（启功《比喻与用典》）所以，典故并不是一个单纯的词语或符号，它所牵连的可能是一段文字、一篇文章，甚至是一部典籍。因此，准确还原典故的原始出处就显得十分必要。本书的可贵之处就在于准确地提供了每一个典故的出处和原文，使读者能够尽量接近典故的历史语境，从而更加深刻地理解典故的内涵和意义。这其实是在提倡一种阅读习惯，即阅读原典的传统。在这个"复制粘贴"的信息时代，我们接收获取的已不再是原始信息，而是经过别人加工或者处理后的二手甚至三手信息。我们的阅读也呈现出这样的"快餐"趋势，不再热衷于原典，而是被《××说唐诗》《××读本》这样的改编本所替代。这样的后果就是"只知其一而不知其二"，或者"知其然而不知其所以然"。本书对于每一个典故的出处，先出具原文，再加以翻译或简介，这样不仅提供了原汁原味的经典文本，而且可以帮助不同文化水平的读者理解典故和原文。这其实就是在引导学生多读原文，多读经典。读者如能坚持下来，认真阅读每一条典故出处，不仅有助于典故的理解，对于文言文的阅读能力也会有一定的提升。作家王蒙曾提倡经典阅读，提倡读一些不完全懂的书，本书思路可谓与之不谋而合。

（2）传播文化。本书的性质并不是语言类工具书，而是通过典故的学习来传播中华传统文化。正如作者在书中所言：典故反映中华的器物文化，我们可透过典故所蕴含的文化信息探究古人的服饰、饮食、建筑以及器物等，进而探求古人的生活方式和生活内容。"其实，书中典故所涉及的岂止器物文化，凡举人名地名、典章制度、文学艺术等都与典故有关。在教育部公布的《2017年普通高考考试大纲修订内容》中，语文学科在"古诗文阅读"部分增加了"了解并掌握常见的古代文化常识"这一新的要求。阅读典故，无疑是学习古代文化知识的一种有效途径。比如书中所举的"卧冰求鲤""举案齐眉""破镜重圆"等典故反映了中国古代的家庭伦理，又如"兰亭会""鲈鱼鲙""陈蕃室"等典故则与古人的饮食起居有密切联系。

典故言简意赅，往往是几个字的成语或俗语，但其所蕴藏的文化内涵却是极为丰富的。如能熟读记诵书中这二百多个典故，对于了解中华传统文化并提高自身的文化修养也是大有帮助的。

（3）回归育人。古人认为人生有"三不朽"：太上有立德，其次有立功，其次有立言，虽久不废，此之谓三不朽。"（《左传·襄公二十四年》）相对于建功立业和著书立说，古人认为道德的树立显得更为重要。本书编者不仅是语文教师，而且长期承担校学生处的工作，在教育工作方面积累了相当丰富的宝贵经验，本书是他通过传统文化来践行育人工作的进一步探索，即通过典故的学习来引导育人工作。因此，本书专门辟出章节来讨论中华典故与精神追求，如淡泊名利、忠君爱国、诚实守信、坚守气节、雄心壮志……这些中华传统美德与历史典故的有机结合，避免了古板的道德说教，取之以鲜活的人物事件，显然更容易为学生所接受。交大附中作为上海市中小学骨干教师德育实训基地，始终坚持文化育人的德育理念，即利用一切有效的文化资源，借助文化独特的育人功能，通过学生对文化教育资源的有效吸收和文化教育活动的有效体验，唤醒学生主体道德成长的主观能动性。《周易·贲卦》云：刚柔交错，天文也。文明以止，人文也。观乎天文，以察时变；观乎人文，以化成天下。"文化的力量如此之大，其感化和教育的功能可见一斑。

上海交通大学附属中学是我的母校，也是我曾经短暂工

作过的地方。张林老师又是我的语文老师兼班主任，他对我
当时接近文学和日后研究文学有直接的影响。因此，我愿意
再当一次学生来认真拜读老师的这本著作，并向广大读者热
忱推荐。

　　是为序。

倪春军　教师、博士

华东师范大学思勉人文高等研究院

2016 年 10 月 19 日

目　录

第一章　中华典故

第一节　典故的定义

《后汉书·东平宪王苍传》："亲屈至尊，降礼下臣，每赐宴见，辄兴席改容，中宫亲拜，事过典故。"这是最早出现"典故"两字的句子。但这里的"典故"二字只是"典章制度"的意思。《辞海》中对"典故"的定义：①典制和掌故。②诗文中引用的古代故事和有来历出处的词语。《现代汉语词典》中对典故的定义为："诗文里引用的古书中的故事或词句。"本书所谓"典故"指"诗文中引用的古代故事和有来历出处的词语"。

第二节　典故的类别

典故简单的可以分为两大类：一是引用历史故事或者神话传说，简称为事典；二是引用有来历出处的词语，简称为语典。

事典是指曾经实所发生，能够还原和追溯出典故其人其事，有着明确的故事性内容结构，并且有着明确出处或记载的典故。

语典指那些并非着重强调其故事性内容结构，而仅是一种较为单纯的话语引用的典故。

第三节　典故的来源

典故的来源大致有三个。第一，来源于民间故事、民间习俗、神话传说、历史上的著名事件，或是某个地名等。第二，来源于一些历史书上或文学作品中的故事和人物。第三，来源于佛经、圣经等宗教书上的故事、人物等。

第四节　典故运用的分类

典故在古诗词中的运用归纳起来，大概有以下 6 种：明用、暗用、正用、反用、化用和借用。

1. 明用

所谓"明用"就是借其意而明用之，即对典故进行比较简单的概括或者引述，读者一看就能明白其中的意思。例如：

① 抑愈所谓望孔子之门墙而不入于其宫者，焉足以知是且非邪？（韩愈《答李翊书》）

"门墙而不入于其宫"典出于《论语·子张》：夫子之墙数仞，不得其门而入。韩愈化用此语，意在其下二句：不见宗庙之美，百官之富。谦言没有学问，此是明典。读者即使不知，见

"孔子"也能知道此处在用典。

② 出师未捷身先死，长使英雄泪满襟。（杜甫《蜀相》）

"出师未捷身先死"明用了诸葛亮最后一次率领大军北伐曹魏，战争尚未结束，却病死军帐的历史故事。杜甫借诸葛亮对蜀汉赤胆忠心直到生命最后一刻的悲壮故事来抒发自己壮志未酬的极度苦闷之情。

③ 虽隙驷不留，尺波电谢，而秋菊春兰，英华靡绝。（刘峻《重答刘秣陵沼书》）

"隙驷"出于《墨子·兼爱下》：人之生乎地上之无几何也，譬之犹驷驰而过隙也。喻时间迅速过去。周振甫《文章例话·引用》说："从字面看'隙驷'是用典，即明典。"

④ 脚著谢公屐，身登青云梯。（李白《梦游天姥吟留别》）

前一句话明用了谢灵运特制木屐的故事：谢灵运经常游山玩水，并且特别喜欢到高峻幽深的地方。他为自己特制了一种木屐，木屐底部装有可以灵巧活动的前后齿，上山时就拆掉前齿，下山时就拆掉后齿。

2. 暗用

所谓"暗用"就是作者把他想要表达的内心的思想感情暗藏在他所引用的典故之中，了无痕迹，从字面中看不出典故。

① 此夜曲中闻折柳，何人不起故园情。（李白《春夜洛城闻笛》）

李白在此处暗用了典故，"折柳"原是指"折取柳枝"。相传长安东有一桥名灞桥,汉朝人送客到此经常折柳相赠,后来人们就习惯用"折柳"来表达赠别或送别之意。但从本诗"此夜曲中闻折柳"一句来看,这里的"折柳"实际上是一首曲子,即《折杨柳》曲的简称,这首曲子往往用来表达依依惜别之情。这是一处对典故的成功暗用。

② 白云一片去悠悠,青枫浦上不胜愁。(张若虚《春江花月夜》)

"青枫浦上不胜愁"中的"青枫浦上"暗用了《楚辞·招魂》中的:"湛湛江水兮上有枫,目极千里兮伤春心"和《九歌·河伯》中的"送美人兮南浦"。这句话隐含着离别的意味。

③ 当年万里觅封侯,匹马戍梁州。(陆游《诉衷情》)

"当年万里觅封侯",不作典故解,也言顺意通,因此不容易看出"觅封侯"是典故。此典出自《后汉书·班超传》。班超少有鸿志,曾辍业投笔叹曰:"大丈夫无它志略,犹当效傅介子、张骞,立功异域,以取封侯,安能久事笔研间乎?"后通西域有功,封定远侯。陆游用"觅封侯"将班超投笔从戎的典故自然地融化在词语里,又"了无痕迹",可谓暗典妙用。

3. 正用

所谓的"正用"就是在诗文中出现的"古代故事和有来历出处的词语"其原义基本不变,称之为"正用"。

① 掷地刘郎玉斗,挂帆西子扁舟。千古风流今在此,万里功名莫放休。君王三百州。(辛弃疾《破阵子·为范南伯寿》)

此词作于张南轩请范南伯担任泸溪县令，范南伯"迟迟未行"之时，辛弃疾希望范南伯以国事为重出仕上任，"因赋此词勉之"。"掷地刘郎玉斗"典出《史记·项羽本纪》：鸿门宴上刘邦脱险回霸上，令张良赠玉斗给亚父范增。亚父痛感项羽"不足与谋"，"受玉斗，置之地，拔剑撞而破之"。"挂帆西子扁舟"典出《吴越春秋》等书，越国谋臣范蠡施美人计，献西施于吴国，瓦解吴王斗志，最终吴亡。此后范蠡审时度势，携西施乘舟游五湖而不归。辛弃疾在词中以范增、范蠡比范南伯，希望范南伯为国竭诚尽智。两典皆取本义，都为正典。

②杜郎俊赏，算而今、重到须惊。纵豆蔻词工，青楼梦好，难赋深情。（姜夔《扬州慢》）

"纵豆蔻词工，青楼梦好，难赋深情"中的"豆蔻"取自于杜牧《赠别》诗中的"豆蔻梢头二月初"，杜牧的这首诗是他为赠别一位相好的歌妓而作。"青楼"指歌妓的住处，而"青楼梦好"取自杜牧《遣怀》诗中的"十年一觉扬州梦，赢得青楼薄幸名"。杜牧在扬州时，常去青楼游玩，姜夔在此处引用杜牧描写扬州的诗句来忆古伤今。如今，纵然有杜牧那样的才气，面对如此荒凉凄清的扬州，也无法写出"豆蔻"之类的诗句。姜夔在这里所运用的典故与杜牧《赠别》诗的题旨相符合，这一处是典型的正用典故。

4. 反用

"反用"是作者根据自己表情达意的需要，对原来的"古代故事"或"有来历出处的词语"加工改造，使其意与原意相反，即所谓的"反其意而用之"。

① 宣室求贤访逐臣，贾生才调更无伦。可怜夜半虚前席，不问苍生问鬼神。（李商隐《贾生》）

"夜半前席""问鬼神"典出《史记·屈原贾生列传》：后岁余，贾生征见。孝文帝方受厘，坐宣室。上因感鬼神事，而问鬼神之本。贾生因具道所以然之状。至夜半，文帝前席。既罢，曰："吾久不见贾生，自以为过之，今不及也。"原文记载汉文帝在宣室召见贾谊，询问鬼神的原本。两人说话十分投机，直至半夜。文帝不自觉地在座席上"移膝靠近贾谊"。这一记载意在反映汉文帝喜爱贤才。李商隐《贾生》后两句"反其意而用之"，感叹汉文帝徒劳，半夜前席，不问贾谊民生大计，仅问鬼神之事，即明知贾谊有才却不用。李商隐反用此典，借古讽今，指责晚唐统治者荒于政事，不任贤才，不顾民生。

② 野老与人争席罢，海鸥何事更相疑。（王维《积雨辋川庄作》）

根据《列子·黄帝篇》记载，海上有个人与鸥鸟的关系十分亲近，他们从来不会互相猜疑，更不会想着去伤害对方。有一天，这个人的父亲硬让他从大海边去捉鸥鸟到家里来养，当他无可奈何地再次回到海滨时，竟然神奇地发现海鸥早已经飞得远远的，他顿时明白：是心术不正破坏了他和海鸥之间的密切关系。但王维在诗中则反其意而用之，变成了海鸥从来不怀疑自己，暗含了作者无欲无求、与世无争的生活态度。由此表现了王维隐居山林、超凡脱俗的闲情逸致。

第五节 典故运用的效果与方法

适当运用典故可以增强诗词表现力，在有限的词语中展现更为丰富的内涵，可以增加韵味和情趣，也可以使诗词委婉含蓄，避免平直。诗词史上，用典故多的尤以李商隐、苏东坡为甚。有人说李商隐"好积故实"，如《喜雪诗》，一篇中用了18个典故。事实上，因为典故的凝缩委婉和诗歌的简练生动有关，诗词与典故是密不可分的。

如果要正确地运用典故就必须熟悉掌握大量典故。中国历史悠久，文化丰厚，社会生活中各种现象一般都可以找到相关典故。要准确理解有关典故的正确含义和使用方法，避免用错、用偏，产生笑话，影响意思表达。写诗词要特别掌握典故的活用，可以根据句子声韵及文字的需要变换调整，但是要注意关键字是不能改变的。要注意典故的生命力。诗词写出来是要给别人看的，典故运用是为了传达思想，因此，不可把过于冷僻生涩的典故写进诗词。

需要指出的是，近体诗是唐以后形成的，大量典故是唐以前的，特别是魏晋南北朝时期最多，人们学唐宋诗词，也熟悉了这些典故，如果自己根据典籍另选其他典故写进诗词就须十分谨慎，特别是唐宋以后的事件，如果不广为人知，就难以作为典故在诗词中运用。

第二章 中华典故与器物文化

　　典故反映中华的器物文化，我们可透过典故所蕴含的文化信息探究古人的服饰、饮食、建筑以及器物等，进而探求古人的生活方式和生活内容。

第一节　典故与器乐文化

　　古琴，亦称瑶琴、玉琴、七弦琴，为中国最古老的弹拨乐器之一，在古代称作"琴"，还有"绿绮""丝桐"等别称。在孔子时期就已盛行，据历史记载，琴的出现不晚于尧舜时期。"琴者，情也；琴者，禁也。"古人亦说古琴"难学、易忘、不中听"，"琴到无人听时工"。其实古琴音乐淡静、虚静、深静、幽静、恬静最适宜于夜阑人静时弹奏，因为只有这样的环境才能与琴乐的风格和它追求的意境配合。这就是古琴音乐艺术所讲的"琴道"。操琴通乐是古代君子修养的最高境界，人与乐合一共同显现出一种平和敦厚的风范。

1. "焦尾琴"的典故

据《后汉书·蔡邕列传》记载："吴人有烧桐以爨者，邕闻火烈之声，知其良木，因请而裁为琴，果有美音，而其尾犹焦，故时人名曰：'焦尾琴'焉。初，邕在陈留也，其邻人有以酒食召邕者，比往而酒已酣焉。客有弹琴于屏，邕至门试潜听之，曰：'憙！以乐召我而有杀心，何也？'遂反。将命者告主人曰：'蔡君向来，至门而去。'邕素为邦乡所宗，主人遽自追而问其故，邕具以告，莫不怃然。弹琴者曰：'我向鼓弦，见螳螂方向鸣蝉，蝉将去而未飞，螳螂为之一前一却。吾心耸然，惟恐螳螂之失之也，此岂为杀心而形于声者乎？'邕莞然而笑曰：'此足以当之矣。'"

中国古代有四大名琴：齐桓公的"号钟"、楚庄王的"绕梁"、司马相如的"绿绮"和蔡邕（蔡文姬之父）的"焦尾"。其中，以焦尾琴最具传奇色彩，最能给人以审美空间。蔡邕死后，传说此琴入藏皇家内库，后传南唐李璟，再后又归宋室，继之明时昆山王姓人收藏此琴。其后，不知所终。后来"焦尾琴"泛指好琴。

2. "绿绮"的典故

唐代李白《听蜀僧浚弹琴》中写道："蜀僧抱绿绮，西下峨眉峰。为我一挥手，如听万壑松。客心洗流水，余响入霜钟。不觉碧山暮，秋云暗几重。"其中的"绿绮"就是古琴的代称。相传绿绮通体黑色，隐隐泛着幽绿，有如绿色藤蔓缠绕于古木之上，因而名为"绿绮"。"绿绮"是汉代著名文人司马相如的一张琴。司马相如家境贫寒，徒有四壁，但他的诗赋极有名气。梁王慕名请他作赋，相如写了一篇《如玉赋》相赠。此赋词藻瑰丽，气韵非凡。梁王极为高兴，就以自己收藏的"绿绮"琴回赠。"绿绮"是一张传世名琴，琴内有铭文曰："桐梓合精"。相如得"绿绮"，如获珍宝。他精湛的琴艺配上"绿绮"绝妙的音色，使"绿绮"名噪一时。后来，"绿绮"就成了古琴的别称。

第二节　典故与中华医学

中医是我国传统的医学，反映中医文化的典故也为人们熟知，以下几个是常用的医学典故。

1. "橘井"的典故

典故出于晋朝葛洪《神仙传·苏仙公》。相传苏仙公得道仙去之前，对母亲说："明年天下疾疫，庭中井水，簷边橘树，可以代养。井水一升，橘叶一枚，可疗一人。""来年果有疾疫，远近悉求其母疗之。皆以水及橘叶，无不愈者。"后因以"橘井"为良药之典。

2. "杏林"的典故

典故出于晋朝葛洪《神仙传·董奉》。传说仙人董奉居于山间，不种田，为人治病，也不收钱，只让病人痊愈后在山上栽几株杏树，如此数年，计有十万余株，长成一片茂密的杏林。后以"杏林"指代医界。

3. "仁术、仁寿"的典故

仁术、仁寿喻指医术。典故出于《孟子·梁惠王上》："无伤也，是乃仁术。"孟子所谓的"仁"，本于孔子"爱人"之说。后世遂以医术比之仁术。《论语·雍也》："知者乐，仁者寿。"《汉书·董仲舒传》："尧舜行德则民仁寿。"故将仁寿比之医术。以此名书者，如明代张浩的《仁术便览》、清代孟葑的《仁寿镜》。

4. "青囊"的典故

它的来源与三国时期的名医华佗有关。据说，华佗被杀前，为报一狱吏酒肉侍奉之恩，曾将所用医书装满一青囊送与他。华佗死后，狱吏亦行医，使华佗的部分医术流传下来。据此，后人称中医为青囊。青囊为古代医家的书囊，喻指医书。唐朝刘禹锡《闲坐忆乐天以诗问酒熟未》云："案头开缥帙，肘后检青囊。唯有达生理，应无治老方。"后遂将青囊喻医书。以此命名者，有明代邵以正的《青囊杂纂》、清代赵濂的《青囊秘效方》。

5. "和缓"的典故

和缓喻指良医。医和、医缓，为春秋时秦国两个名医，后人常并称之为"和缓"。如晋挚虞《疾愈赋》曰:"讲和缓之余论,寻越人之遗方。"故以和缓喻良医。以此命名者,如清代全子久《和缓医风》。

第三节　典故与中华饮食文化

老子说"治大国若烹小鲜",在崇尚"民以食为天"的中华民族饮食文化中,与饮食行为有关的典故词语很多。这些典故词语,蕴涵"民以食为天"的饮食文化,如果不了解中华文化,则无法理解这些典故词语的内涵。

1."杜康"的典故

杜康是中国古代传说中的"酿酒始祖",《说文解字》载杜康始作秫酒。据民间传说和历史资料记载,杜康又名少康,夏朝人,是夏朝的第五位国王。相传杜康是酒的发明者,因此后世将杜康尊为酒神,制酒业则奉杜康为祖师爷。《尚书·酒诰》孔颖达疏引汉应劭《世本》:"杜康造酒"。后世因以"杜康"借指酒。三国时曹操写有著名的《短歌行》,其中有言:"慨当以慷,忧思难忘。何以解忧?唯有杜康",高度赞扬了杜康酒的美妙功效。

2."阮氏酒"的典故

典故出于《晋书·阮咸传》:诸阮皆饮酒,咸至,宗人间共集，不复用杯觞斟酌，以大盆盛酒，圆坐相向，大酌更饮。后因以"阮氏酒"为与家人共集畅饮之典。《三国志·魏书》裴松之注引《魏氏春秋》："籍以世多故，禄仕而已，闻步兵校尉缺，厨多美酒，营人善酿酒，求为校尉，遂纵酒昏酣，遗落世事。"后世因以"步兵酒""步兵厨"借指美酒、酿酒之所。

3. "一饮三百杯"的典故

典故出于《世说新语·文学》"郑玄在马融门下"刘孝标注引《郑玄别传》：袁绍辟玄，及去，饯之城东，欲玄必醉，会者三百余人，皆离席奉觞，自旦及莫，饮三百余杯，而温克终日无怠。

估计郑玄当时饮了三百多杯，后谓痛饮为一饮三百杯。李白《将进酒》中写道："人生得意须尽欢，莫使金樽空对月。天生我材必有用，千金散尽还复来。烹羊宰牛且为乐，会须一饮三百杯。岑夫子，丹丘生，将进酒，杯莫停。与君歌一曲，请君为我侧耳听。"

4. "兰亭会"典故

典故出于晋朝王羲之《兰亭集序》：永和九年，岁在癸丑，暮春之初，会于会稽山阴之兰亭，修禊事也。群贤毕至，少长咸集，此地有崇山峻岭，茂林修竹，又有清流激湍，映带左右，引以为流觞曲水，列坐其次，虽无丝竹管弦之盛，一觞一咏，亦足以畅叙幽情。是日也，天朗气清，惠风和畅。仰观宇宙之大，俯察品类之盛。

晋代王羲之、谢安、孙绰等贵族高官 42 人在会稽郡山阴县（今绍兴越城区）兰亭聚会宴咏，晋唐后绍兴屡有举办兰亭盛会，后以"兰亭宴""兰亭会""会稽风流""山阴豪逸""山阴游""兰亭修禊"等统称高朋聚首，饮宴游乐；或称群贤高会，儒雅风流。

5. "鲈鱼脍"典故

典故出于《世说新语·识鉴》，西晋的张季鹰在洛阳做官时，看到秋风起，忽然想到吴中老家莼菜羹和鲈鱼脍的味道，叹息道："人生贵得适意尔，何能羁宦数千里，以要名爵？"这里的适意，就是从心所欲，率性而为。为了这份适意，张季鹰辞官归故里。于是便有了思乡赋归的典故"鲈鱼脍"。

6. "千里莼羹"典故

典故出于《世说新语·言语》，说晋代陆机去拜谒王济，王济正有几斛羊酪放在那里，指给陆机看，问："你们东吴有什么可与之相比？"陆机答道："有千里湖的莼羹菜，还不必下盐和豆豉。"后以此词形容家乡风味。

7. "南橘北枳"典故

典故出于《晏子春秋·内篇杂下》：橘生淮南则为橘，生于淮北则为枳，叶徒相似，其实味不同。所以然者何？水土异也。

原意是指生长在淮南的橘树，移栽到淮北来种植就会变为枳树，比喻同一物种会因环境的不同发生异变，后人多用来比喻环境对人的影响。

第四节 典故与中华居室文化

对于中华居室，很多典故也或多或少地表现出中华民族的一种选择和审美。

1. "陈蕃室"的典故

典故出于范晔的《后汉书·陈蕃列传》："陈蕃字仲举，汝南平舆人也。祖河东太守。蕃年十五，尝闲处一室，而庭宇芜秽。父友同郡薛勤来候之，谓蕃曰：'孺子何不洒扫以待宾客?'蕃曰：'大丈夫处世，当扫除天下，安事一室乎!'勤知其有清世志，甚奇之。"

陈蕃字仲举。陈蕃 15 岁的时候，曾经悠闲地独自住在一处，庭院以及屋舍十分杂乱。他父亲同郡的朋友薛勤来拜访他，对他说："孩子，你为什么不打扫房间来迎接客人?"陈蕃说："大丈夫处世，当以扫除天下为己任，怎么能局限于整理一间房呢?"薛勤知道他有让世道澄清的志向，认为他与众不同。陈蕃室是指志向高远者的居室。

2. "青毡故物"的典故

典故出于《晋书·王羲之列传·王献之》：献之字子敬。少有盛名，而高迈不羁，虽闲居终日，容止不怠，风流为一时之冠。年数岁，尝观门生樗蒲，曰："南风不竞。"门生曰："此郎亦管中窥豹，时见一斑。"献之怒曰："远惭荀奉倩，近愧刘真长。"遂拂衣而去。尝与兄徽之、操之俱诣谢安，二兄多言俗事，献之寒温而已。既出，客问安王氏兄弟优劣，安曰："小者佳。"客问其故，安曰："吉人之辞寡，以其少言，故知之。"尝与徽之共在一室，忽然火发，徽之遽走，不遑取履。献之神色恬然，徐呼左右扶出。夜卧斋中，而有偷人入其室，盗物都尽。献之徐曰："偷儿，青毡我家旧物，可特置之。"群偷惊走。

　　东晋时期，有位大书法家叫王献之。他的书法、画技、琴艺皆高超，与其父王羲之并称"二王"。他处世豁达，待人宽厚。有一天夜晚，他在书房里睡得正香，突然被一阵响动惊醒。睁开眼一看，有三四个人正在书房内偷东西。那几个小偷正把几件值钱的东西往一只口袋里装。王献之躺在床上，一声不吭，静静地看着。小偷见屋内没有值钱的东西可拿，就将一只大吊橱打开，在里面翻拣。当小偷从橱子里翻出一件陈旧的毡子时，王献之忍不住开口道："伙计们，请高抬贵手吧，这件青毡子，是我们王家祖传之物。别的东西都可拿走，只把这件毡子留下就行了。"小偷们突然听见主人说话，吓得魂不附体，丢下东西，撒腿就跑。"青毡故物"泛指仕宦人家的传世之物或旧业。比喻家传的珍贵之物。

3. "爱屋及乌" 的典故

典故出于《尚书大传》: 纣死, 武王皇皇若天下之未定。召太公而问曰: "入殷奈何?" 太公曰: "臣闻之也: 爱人者, 兼其屋上之乌; 不爱人者, 及其胥余。"

周武王打败了殷商, 但是对于怎样处置商朝遗留下来的权臣贵族、官宦将士, 能不能使局面稳定下来, 心里还没有谱, 因此有些担忧。为此, 他召见姜太公, 问道: "该怎样对待商朝遗民呢?" 太公答道: "我听说, 如果喜爱那个人, 就连带喜爱他屋上的乌鸦; 如果憎恨那个人, 就连带夺来他的仆从家吏。" "爱屋及乌" 比喻爱一个人而连带地关心到与他有关的人或物。

4. "勾心斗角" 的典故

典故出于杜牧的《阿房宫赋》: 五步一楼, 十步一阁; 廊腰缦回, 檐牙高啄; 各抱地势, 勾心斗角。

其中的 "心" 是指宫殿的中心, "角" 是指檐角。诸角向心, 叫做 "勾心"; 诸角彼此相向, 如戈相斗, 叫做 "斗角"。此典本意是形容宫室建筑的内外结构精巧严整, 后人多用其比喻心机和明争暗斗。

第五节 典故与中华服饰器物文化

1. "被褐怀玉" 的典故

典故出于《老子》第七十章: 吾言甚易知, 甚易行。天下莫能知，莫能行。言有宗，事有君，夫唯无知，是以不我知。知我者希，则我者贵。是以圣人被褐而怀玉。本意是指身着粗布衣服而怀抱美玉，用以比喻出身贫寒却有真才实学之人。

2. "披裘负薪"的典故

典故出于《论衡·书虚》：延陵季子出游，见路有遗金。当夏五月，有披裘而薪者，季子呼薪者曰："取彼地金来！"薪者投镰于地，瞋目拂手而言曰："何子居之高，视之下，仪貌之壮，语言之野也！吾当夏五月，披裘而薪，岂取金者哉！"季之谢之，请问姓字。薪者曰："子皮相之士也，何足语姓名！"遂去不顾。

春秋时期，吴王最小的儿子延陵季子季札经常出使各国。他出使齐国时在路边发现一块金子，叫路边砍柴人去拣。没想砍柴人说我五月天还披着皮袄，背柴禾，像那种拣金子的人吗？延陵季子感到遇到高人，非常惭愧。披裘负薪指穿着裘褐，背着柴薪。形容志高行洁的隐士。

第三章　中华典故与精神追求

　　精神文化覆盖了中华民族宗教、政治、哲学、艺术等意识形态领域，是我们整个社会从古到今的集体精神财富。它反映的是人与自身的关系，在典故中往往有所折射。我们可以通过这些典故，了解中华民族独有的精神财富，学习丰富的人生经验和智慧，铸就我们民族特有的心理素养。

第一节　淡泊名利

1. "许由洗耳"的典故

　　出于汉代蔡邕《琴操·河间杂歌·箕山操》：以清节闻于尧。尧大其志，乃遣使以符玺禅为天子。许由喟然叹曰："匹夫结志，固如盘石。采山饮河，所以养性，非以求禄位也；放发优游，所以安己不惧，非以贪天下也。"使者还，以状报尧，尧知由不可动，亦已矣。许由以使者言为不善，乃临河洗耳。樊坚见由方洗耳，问之："耳有何垢乎？"由曰："无垢，闻恶语耳。"

坚曰："何等语者?"由曰："尧聘吾为天子。"坚曰："尊位何为恶之?"由曰："吾志在青云,何仍劣劣为九州伍长乎?"樊坚方且饮牛,闻其言而去,耻饮于下流。

传说,上古时代的尧,想把帝位让给许由。许由是个不问政治、清高的人,不但拒绝了尧的请求,而且连夜逃进箕山,隐居不出。

当时尧还以为许由谦虚,更加敬重,便又派人去请他,说:"如果坚决不接受帝位,则希望能出来当个九州长。不料许由听了这个消息,更加厌恶,立刻跑到山下的颖水边去,掬水洗耳。

许由的朋友樊坚也隐居在这里,看到许由在洗耳朵,就询问缘由。许由就把原因告诉了他。樊坚正在让牛喝水,听了许由的话就牵着牛离开了,因为对于在下游饮水感到羞耻。

许由结志养性,优游山林,听到尧让位给自己而感到耳朵受到了污染,因而临水洗耳;樊坚或巢父更以许由洗耳的水为秽浊,不愿让牛在其下游饮水。后遂以"许由洗耳""巢由洗耳""巢父洗耳""洗耳"等表示以接触尘俗的东西为耻辱,心性旷达于物外;用"巢由耳"称不能容忍身心蒙受尘俗;用"洗耳翁""洗耳高人"等指超脱尘俗、不问世事的人;用"幸可饮牛"指未受污染或污染未及的地方。

2. "淡泊明志"的典故

"淡泊明志"的典故出于诸葛亮五十上岁时写给他八岁儿子诸葛瞻的《诫子书》:夫君子之行,静以修身,俭以养德。非淡泊无以明志，非宁静无以致远。夫学须静也，才须学也，非学无以广才，非志无以成学。淫慢则不能励精，险躁则不能冶性。年与时驰，意与日去，遂成枯落，多不接世，悲守穷庐，将复何及！

君子的行为操守从宁静中提高自身的修养，用节俭来促进自己的品德。不恬静寡欲无法明确志向，不排除外在干扰就无法达到远大的目标。学习要安静，才能是从学习中来的。所以不学习就无法增加才能，没有志向就无法成就学习。放纵懒散就无法振奋精神，急躁冒险就不能陶冶性情。年龄随日月飞驰，意志也同时流逝，最后枯败，大多不接触世事，悲伤坐在家中，到时悔恨怎么来得及呢？"淡泊明志"的典故是指不追求名利才能使志趣高洁。

3. "梅妻鹤子"的典故

典故出于宋朝沈括《梦溪笔谈·人事二》：林逋隐居杭州孤山，常畜两鹤，纵之则飞入云霄，盘旋久之，复入笼中。逋常泛小艇，游西湖诸寺。有客至逋所居，则一童子出应门，延客坐，为开笼纵鹤。良久，逋必棹小船而归。盖尝以鹤飞为验也。

据史料记载，林逋（967—1028），字君复，浙江钱塘（今浙江杭州）人，出生于儒学世家，是北宋时代诗人。早年曾游历江淮等地，后隐居于杭州西湖孤山之下，由于常年足不出户，以植梅养鹤为乐，又因传说他终生未娶，故有"梅妻鹤子"佳话流传。后作为典故，比喻隐逸生活和恬然自适的情操。

第二节　报国爱国

1."庶几无愧"的典故

典故出于《宋史·文天祥传》：天祥临刑殊从容，谓吏卒曰："吾事毕矣。"南乡拜而死。数日，其妻欧阳氏收其尸，面如生，年四十七。其衣带中有赞曰："孔曰成仁，孟曰取义，惟其义尽，所以仁至。读圣贤书，所学何事，而今而后，庶几无愧。"论曰：自古志士，欲信大义于天下者，不以成败利钝动其心，君子命之曰"仁"，以其合天理之正，即人心之安尔。

文天祥临刑前很从容，对看守他的士兵说："我的事情完结了。"朝南方跪拜而死。几天后，他的妻子欧阳氏去收拾他的尸首，脸色像活着时一样，终年四十七岁。他的衣袋中有一篇赞说："孔子说杀身以成仁，孟子说舍身而取义，只有尽到义，才能达到仁。读圣贤人所著的书，所学到的就是这些道理，从今以后，心中差不多没有愧疚了。"评论说：自古以来的有志之士，想要在天下伸张正义，不会因为成功失败、顺利或不顺利的不同而改变自己的心志，君子称之为"仁"，因为他们的做法合乎天理，顺应人心。

文天祥抵得住利诱，不怕牺牲。"庶几无愧"为文天祥殉国自勉的话，后来常借以泛指对人或事尽到责任，于心无愧。

2."中流击楫"的典故

典故出于《资治通鉴》卷八十八：初，范阳祖逖，少有大志，与刘琨俱为司州主簿，同寝，中夜闻鸡鸣，蹴琨觉曰："此非恶声也！"因起舞。及渡江，左丞相睿以为军咨祭酒。逖居京口，纠合骁健，言于睿曰："晋室之乱，非上无道而下怨叛也，由宗室争权，自相鱼肉，遂使戎狄乘隙，毒流中土。今遗民既遭残贼，人思自奋，大王诚能命将出师，使如逖者统之以复中原，郡国豪杰，必有望风响应者矣！"睿素无北伐之志，以逖为奋威将军、豫州刺史，给千人廪，布三千匹，不给铠仗，使自召募。逖将其部曲百余家渡江，中流，击楫而誓曰："祖逖不能清中原而复济者，有如大江！"遂屯淮阴，起冶铸兵，募得二千余人而后进。

当初，范阳人祖逖，年轻时就有大志向，曾与刘琨一起担任司州的主簿，与刘琨同寝，夜半时听到鸡鸣，他踢醒刘琨，说："这不是令人厌恶的声音。"就起床舞剑。渡江以后，左丞相司马睿让他担任军咨祭酒。祖逖住在京口，聚集起骁勇强健的壮士，对司马睿说："晋朝的变乱，不是因为君主无道而使臣下怨恨叛乱，而是皇亲宗室之间争夺权力，自相残杀，这样就使戎狄之人钻了空子，祸害遍及中原。现在晋朝的遗民遭到摧残伤害后，大家都想着自强奋发，大王您确实能够派遣将领率兵出师，使像我一样的人统领军队来光复中原，各地的英雄豪杰，一定会有闻风响应的人！"司马睿一直没有北伐的志向，他听了祖逖的话以后，就任命祖逖为奋威将军、豫州刺史，仅仅拨给他千人的口粮，三千匹布，不供给兵器，让祖逖自己想办法募集。祖逖带领自己私家的军队共一百多户人家渡过长江，在江中敲打着船桨说："祖逖如果不能使中原清明而光复成功，就像大江一样有去无回！"于是到淮阴驻扎，建造熔炉冶炼浇铸兵器，又招募了二千多人，然后继续前进。

"中流击楫"的典故比喻立志奋发图强。

3. "鲁连蹈海"的典故

"鲁连蹈海"的典故出于《史记·鲁仲连邹阳列传》：鲁连见新垣衍而无言。新垣衍曰："吾视居此围城之中者，皆有求于平原君者也；今吾观先生之玉貌，非有求于平原君者也，曷为久居此围城之中而不去？"鲁仲连曰："世以鲍焦为无从颂而死者，皆非也。令众人不知，则为一身。彼秦者，弃礼义而上首功之国也，权使其士，虏使其民。彼即肆然而为帝，过而为政于天下，则连有蹈东海而死耳，吾不忍为之民也。所为见将军者，欲以助赵也。

鲁仲连见到新垣衍后，没有首先开口。新垣衍说："据我观察，居住在这个被围困的都城中的人，都是有求于平原君的。可现在我一见到先生的仪容相貌，不像是有求于平原君的人，为什么久留在这个围城之中而不离开呢？"鲁仲连说："世上那些认为鲍焦（周时隐士，嫉世愤时）是不能自我宽容而死去的人，都是错误的。现在一般人不了解鲍焦的死因，认为他是为了自身利益而死的。秦国，是一个抛弃了仁义礼制而崇尚杀敌斩首之功的国家，以权术驾驭臣下，像奴隶一样役使它的百姓。如果让秦国肆无忌惮地称了帝，然后再进一步以自己的政策号令天下，那么我鲁仲连只有跳东海自杀了，我不能容忍做它的顺民。我之所以要见将军，只是想对赵国有所帮助。"

"鲁连"，即战国名士鲁仲连；"蹈海"，蹈东海而死；"鲁连蹈海"表示宁死而不受强敌屈辱的气节、情操。

第三节　诚实诚信

1. "尾生抱柱"的典故

典故出于《庄子·盗跖》："尾生与女子期于梁下，女子不来，水至不去，抱梁柱而死。"

尾生迁居梁地，他在那里认识了一位年轻漂亮的姑娘。两人一见钟情，君子淑女，私订终身。但是姑娘的父母嫌弃尾生家境贫寒，坚决反对这门亲事。为了追求爱情和幸福，姑娘决定背着父母私奔，随尾生回到曲阜老家去。那一天，两人约定在韩城外的一座木桥边会面，双双远走高飞。黄昏时分，尾生提前来到桥上等候。不料，突然乌云密布，狂风怒吼，雷鸣电闪，滂沱大雨倾盆而下。不久山洪暴发，滚滚江水裹挟泥沙席卷而来，淹没了桥面，没过了尾生的膝盖。"城外桥面，不见不散"，尾生想起了与姑娘的信誓旦旦，四顾茫茫水世界，不见姑娘踪影。但他寸步不离，死死抱着桥柱，被活活淹死。

"尾生抱柱"后用以比喻坚守信约。

2."裴公还带"的典故

典故出于唐朝丁用晦《芝田录·裴度》：唐时人裴度，字中立，河东闻喜人。他少时游香山寺，拾得三条玉带、一条犀带。这些珍贵物品是一妇人为营救她父亲出狱特地向别人借的，不幸丢失。裴度在原地守候，果有一妇人仓皇来寻，裴度问明，将带还之。后以"裴公还带"表示拾物不昧的优良品德。明朝沈受先《三元记·毁券》："你的阴功比范氏麦舟，也不数裴公还带。"

第四节　坚守气节

1."嗟来之食"的典故

典故出于《礼记·檀弓下》：齐大饥，黔敖为食于路，以待饿者而食之。有饿者蒙袂辑屦，贸贸然来。黔敖左奉食，右执饮，曰："嗟！来食！"扬其目而视之曰："予唯不食嗟来之食，以至于斯也！"从而谢焉，终不食而死。

齐国出现了严重的饥荒。黔敖在路边准备好饭食，以供饥饿的人来吃。有个饥饿的人用袖子蒙着脸，无力地拖着脚步，莽撞地走来。黔敖左手端着吃食，右手端着汤，说道："喂！来吃吧！"那个饥民扬眉抬眼看着他，说："我就是不愿吃嗟来之食，才落到这个地步！"黔敖追上前去向他道歉，他仍然不吃，最后饿死了。

"不吃嗟来之食"表示在穷困的地步依然保持自己的气节。

2. "田方赠"的典故

"田方赠"的典故出于刘向《说苑·立节》：子思居于卫，缊袍无表，二旬而九食，田子方闻之，使人遗狐白之裘，恐其不受，因谓之曰："吾假人，遂忘之；吾与人也，如弃之。"子思辞而不受，子方曰："我有子无，何故不受?"子思曰："伋闻之，妄与不如遗弃物于沟壑，伋虽贫也，不忍以身为沟壑，是以不敢当也。"

子思住在卫国，穿着破破烂烂的袍子，二十天里只吃了九顿饭，田子方听说后，派人给子思送去白狐裘，又担心他不接受，就叫人对子思说："我借给别人的东西后就会忘记；我给别人东西，就如同我丢掉了一样。"子思拒绝，不肯接受。田子方说："我有，而您没有，您为什么不肯接受呢?"子思说："我听说，与其胡乱送给别人东西，不如把东西丢到沟里去，我虽然贫困，但还不愿意把自己当作是丢弃东西的沟壑，所以不敢接受。"

"田方赠"的典故指人穷志坚，不愿接受弃赠。

第五节　雄心壮志

1. "夸父逐日"的典故

典故出于《山海经·海外北经》：夸父与日逐走，入日。渴，欲得饮，饮于河、渭，河、渭不足，北饮大泽。未至，道渴而死。弃其杖，化为邓林。

相传在黄帝王朝的时代，夸父族的一个首领想要把太阳摘下，放到人们的心里面，于是就开始逐日。他口渴的时候喝干了黄河、渭水，准备往北边的大湖（或大海）去喝水，路途中被渴死。他的手杖化作邓林。

"夸父逐日"表现了古代先民企图超越有限生命的束缚以及对生命永恒的渴求的精神。

2. "鲲鹏展翅"的典故

典故出于《庄子·逍遥游》：北冥有鱼，其名为鲲。鲲之大，不知其几千里也；化而为鸟，其名为鹏。鹏之背，不知其几千里也；怒而飞，其翼若垂天之云。是鸟也，海运则将徙于南冥。

在那很北的北面，有一片大海。海中有一种鱼，它的名字叫鲲。这个鲲很大，说不清楚有几千里。后来变成了一只鸟，它的名字叫鹏。这个鹏很大很大，仅它的脊背，就说不清有几千里。它鼓起翅膀振翅而飞，翅膀像是遮天的乌云。这只鸟啊，在海上飞翔，是要飞到南海去。

"鲲鹏展翅"常用鲲鹏比喻一些宏伟之事，一句俗语曰："学做鲲鹏飞万里，不做燕雀恋子巢。""鲲鹏展翅"也指人胸有壮志，前程远大。

3. "揽辔澄清"的典故

典故出于《后汉书·党锢列传》：范滂，字孟博，汝南征羌人也。少厉清节，为州里所服……时冀州饥荒，盗贼群起，乃以滂为清诏使，案察之。滂登车揽辔，慨然有澄清天下之志。及至州境，守令自知臧污，望风解印绶去。

范滂，字孟博，是汝南征羌县人，从小磨砺出高洁的节操，受到州郡和乡里人的钦佩。冀州地区发生饥荒，盗贼纷纷而起，于是（朝廷）任用范滂为清诏使，派他前去巡行查办。范滂走马赴任，慷慨激昂，有澄清天下污秽的志向。到冀州后，太守、县令知道自己贪污受贿，听说范滂来了，都自动辞官而去。

揽辔：拉住马缰；澄清：平治天下。"揽辔澄清"的典故表示刷新政治，澄清天下的抱负。

第四章　中华典故与起名艺术

第一节　典故与人名

典故用作人名。这种现象在汉民族比较常见。这与汉民族文化心理有关。汉民族有崇尚权威、重视人的因素和价值的人文心理倾向。名字是伴随人一生的符号，自然人人都非常重视，不仅重视平仄，叫得响，又要有深厚的文化内涵，发人联想，能从名字的背后品出浓浓的文化韵味来。同时让人看出取名者的文化品位。所以很多人尤其是有相当文化修养的人名字中含有典故因素，表示有所寄托。

（1）孙过庭，唐代书法家，擅长草书。名用"过庭"典故，源出《论语·季氏》"鲤趋而过庭"句，义为"受到父亲的教诲"。

（2）耶律楚材，字晋卿，辽皇族，初仕金，后仕元。"楚材"一词源出《左传·襄公二十六年》：声子通使于晋。还如楚，令尹子木与之语，问晋故焉。且曰："晋大夫与楚孰贤？"对曰："晋卿不如楚，其大夫则贤，皆卿材也。如杞、梓、皮革，自楚往也。虽楚有才，晋实用之。"联系耶律楚材字"晋卿"，初仕金后仕元的经历，着实别有一番味道。

（3）方鸿渐，钱钟书先生小说《围城》中男主人公。"鸿渐"源出《易经》"渐"卦，"渐"训为进。义为飞鸿渐进于高位。故后以"鸿渐"喻仕进。《汉书·公孙弘卜式儿宽传》赞曰："公孙弘、卜式、儿宽皆以鸿渐之翼困于燕爵，远迹羊豕之间，非遇其时，焉能致此位乎？"通过取名字，可以寄托取名者的愿望，也体现了取名者的修养。

（4）孟浩然，"浩然"出自《孟子·公孙丑上》："敢问夫子恶乎长？"曰："我知言，我善养吾浩然之气。""敢问何谓浩然之气？"曰："难言也。其为气也，至大至刚，以直养而无害，则塞于天地之间。其为气也，配义与道；无是，馁也。是集义所生者，非义袭而取之也。行有不慊于心，则馁矣。我故曰，告子未尝知义，以其外之也。必有事焉而勿正，心勿忘，勿助长也。"这种浩然之气，及其浩大有力量，所以就应该用坦荡的胸怀去培养它、滋养它而不加以伤害。

（5）白居易，字乐天。"居易"出于出《中庸》第十四章：正己而不求于人，则无怨，上不怨天，下不尤人，故君子居易以俟命，小人行险以徼幸。

端正自己言行不去乞求别人，这样就没有怨恨，上不报怨命运，下不责备别人。所以君子居心平正坦荡等待上天使命，小人则想以冒险求得偶然的幸运。又《礼记·哀公问》："不能安土，不能乐天；不能乐天，不能成其身。"白乐天取名"居易",符合其晚年的"中隐"思想。

（6）陆九龄，"九龄"出于《礼记·文王世子》：文王谓武王曰："女何梦矣？"武王对曰："梦帝与我九龄。"文王曰："女以为何也？"武王曰："西方有九国焉，君王其终抚诸？"文王曰："非也。古者谓年龄，齿亦龄也。我百，尔九十。吾与尔三焉。"文王九十七乃终，武王九十三而终。

"九龄"指 90 岁，后引申为长寿。

（7）余日新，"日新"出于《大学》：汤之《盘铭》曰："苟日新，日日新，又日新。"成汤刻在澡盆上的箴言说："如果能够做到一天新，就应保持天天新，新了还要更新。"

第二节　典故与地名

地名文化也是文化语言学的研究领域。因为地名的形成可以找到历史文化理据。通过对地名典故色彩的分析，可以看到人们命名时的心理历史背景及地名沿革的概貌。

（1）渭阳里：《三国志·后妃纪第五》：（明）帝思念舅氏不已……又于其后园为像母起观庙，名其里曰"渭阳里"，以追思母氏也。

（2）拙政园：今在江苏苏州市。园址本为唐代陆龟蒙故宅。明嘉靖中，御史王献臣在遗址上建别墅，以自托潘岳《闲居赋序》"拙者之为政也"，命名为"拙政园"。

（3）"鸡黍"作为地名，今在山东金乡县，范式就是"山阳金乡"（今山东会乡县）人，此地即是由"鸡黍"而得名。"鸡黍"，来源于《论语·微子篇》："子路从而后，遇丈人，以杖荷蓧。子路问曰："子见夫子乎?"丈人曰："四体不勤，五谷不分，孰为夫子?"植其杖而芸。子路拱而立。止子路宿，杀鸡为黍而食之。见其二子焉。明日，子路行以告。子曰："隐者也。"使子路反见之。至，则行矣。子路曰："不仕无义。长幼之节，不可废也；君臣之义，如之何其废之? 欲洁其身，而乱大伦。君子之仕也，行其义也。道之不行，已知之矣。"但是《后汉书·独行列传》载："范式字巨卿……与汝南张劭为友。劭字元伯。二人并告归乡里……乃共克期日。后期方至，元伯具以白母，请设馔以候之。"《后汉书》所载"范张鸡黍"的故事更是为后人所熟知。

（4）"宝鸡"，今陕西省宝鸡市。秦陈仓县地，唐乾元元年改名宝鸡，以相传秦文公在此得陈宝鸣鸡，故名。《史记·封禅书》云："文公获若石云，于陈仓北阪城，祠之。其神或岁不至，或岁数来，来也常以夜，光辉若流星。从东南来，集于祠城，则若雄鸡，其声殷云。野鸡夜雊。以一牢祠，命曰陈宝。"

（5）"灞桥"，本作"霸桥"，《三辅黄图·桥》："灞桥在长安东，跨水做桥。汉人送客至此桥，折柳送别。"后形成折柳送别的风俗，"柳"与"留"谐音，以示不舍之意。灞桥两边，长柳依依，住在长安的人送别都至此桥。文人墨客借景抒情，所作诗文大多抒发离愁别恨，所谓"年年柳色，灞陵伤别"就是这些文学作品的概括。又名"销魂桥"。

（6）"云阳"：《史记·秦始皇本纪》："韩非使秦，秦用李斯谋，留非。非死云阳。"汉朝桓宽《盐铁论·毁学》："李斯相秦，席天下之势，志小万乘，及其囚于囹圄，车裂于云阳之市，亦愿负薪入东门，行上蔡曲街径，不可得也。"李斯妒才，害韩非于云阳。秦赵高奸佞，谗使李斯车裂于云阳。后来的文学作品中，常以"云阳"代称行刑地。

第三节　典故与书斋名

很多名人的书斋也很有典故的文化底蕴，包含了中华的深厚的文化。

（1）"知不足斋"是清乾隆年间安徽歙县鲍廷博藏书斋名，取《礼记》"学然后知不足"为义借以劝学。

（2）"龙虫并雕斋"，著名语言学大师王力的书斋名，由"雕龙""雕虫"这两个典词而来。"雕龙"源出《史记·孟子荀卿列传》，后以"雕龙"喻善于文辞. 南朝梁刘勰取其意名其文论为《文心雕龙》；"雕虫"与"雕龙"相对，用来讥讽文人雕辞琢句，亦常用作文士自谦之辞。源出杨雄《法言·吾子》。

（3）"人境庐"是清代黄遵宪的书斋名，出于陶渊明的《饮酒》：结庐在人境，而无车马喧。问君何能尔？心远地自偏。采菊东篱下，悠然见南山。山气日夕佳，飞鸟相与还。此中有真意，欲辨已忘言。

（4）"笼鹅馆"是明朝王与纹的书斋名，出自《晋书·王羲之传》：王羲之性爱鹅，会稽有孤居姥养一鹅，善鸣，求市未得，遂携亲友命驾就观。姥闻羲之将至，烹以待之，羲之叹惜弥日。又山阴有一道士，养好鹅，羲之往观焉，意甚悦，固求市之。道士云："为写《道德经》，当举群相赠耳。"羲之欣然写毕，笼鹅而归，甚以为乐。其任率如此。"

王羲之生性爱鹅，会稽有一位孤老太太养了只鹅，叫声很好听，他想买而未能得，于是就带着亲友去观看。谁知老太太听说他要来，竟把鹅烹煮了，准备招待他，他为此难过了好几天。当时，山阴有位道士，养了一群鹅，王羲之去观看时非常高兴，多次恳求道士要买他的鹅。道士对他说："你若替我抄一遍《道德经》，这群鹅就全部送给你啦。"王羲之欣然命笔，写好后把鹅装在笼子里回去了，一路上乐不可支。他任情率性到这个地步。

第五章　中华典故与典章制度

制度文化，即文化的制度层次，是社会生活中形成的制度、风俗以及相关的理论、规范等等。它所反映的是人与人的关系。制度文化也要靠语言为载体固定流传下来，所以对一些典故词语进行考察，透过语言的棱镜可以观察到制度文化的一些情景。

第一节　典故与家庭伦理

中华民族十分重视家庭伦理，重视孝悌忠信，认为这是维护秩序的基础，也是制度的体现这也反映在典故里。

1. "卧冰求鲤"的典故

典故出于《搜神记》卷十一：王祥字休征，琅邪人。性至孝。早丧亲，继母朱氏不慈，数谮之。由是失爱于父，每使扫除牛下。父母有疾，衣不解带。母常欲生鱼，时天寒冰冻，祥解衣，将剖冰求之，冰忽自解，双鲤跃出，持之而归。

晋朝的王祥，早年丧母，继母朱氏并不慈爱，常在其父面前数说王祥的是非，因而失去父亲疼爱，总是让他打扫牛棚。一年冬天，继母朱氏生病想吃鲤鱼，但因天寒河水冰冻，无法捕捉，王祥便解衣卧于冰上，忽然间冰化开，从裂缝处跃出两条鲤鱼，王祥喜极，持归供奉继母。人们都称赞王祥是人间少有的孝子。

2."举案齐眉"的典故

典故出于《后汉书·逸民列传》：梁鸿字伯鸾，扶风平陵人……势家慕其高节，多欲女之，鸿并绝不娶。同县孟氏有女，状肥丑而黑，力举石臼，择对不嫁，至年三十。父母问其故，女曰："欲得贤如梁伯鸾者。"鸿闻而聘之。女求作布衣、麻屦，织作筐缉绩之具。及嫁，始以装饰入门。七日而鸿不答，妻乃跪床下，请曰："窃闻夫子高义，简斥数妇，妾亦偃蹇数夫矣。今而见择，敢不请罪。"鸿曰："吾欲裘褐之人，可与俱隐深山者尔，今乃衣绮缟，傅粉墨，岂鸿所愿哉！"妻曰："以观夫子之志耳。妾自有隐居之服。"乃更为椎髻，著布衣，操作而前。鸿大喜曰："此真梁鸿妻也，能奉我矣。"字之曰德曜，名孟光。……遂至吴，依大家皋伯通，居庑下，为人赁舂。每归，妻为具食，不敢于鸿前仰视，举案齐眉。

梁鸿字伯鸾，是扶风平陵（今陕西咸阳市西北）人。由于梁鸿的高尚品德，许多人想把女儿嫁给他，梁鸿谢绝他们的好意，就是不娶。与他同县的孟家有一个女儿，长得又黑又肥又丑，而且力气极大，能把石臼轻易举起来。每次为她择婆家，就是不嫁，已三十岁了。父母问她为何不嫁。她说："我要嫁像梁伯鸾一样贤德的人。"梁鸿听说后，就下聘礼，准备娶她。孟女高高兴兴地准备着嫁妆。等到过门那天，她打扮得漂漂亮亮的。哪想到，婚后一连七日，梁鸿一言不发。孟家女就来到梁鸿面前跪下，说："妾早闻夫君贤名，立誓非您莫嫁；夫君也拒绝了许多家的提亲，最后选定了妾为妻。可不知为什么，婚后，夫君默默无语，不知妾犯了什么过失？"梁鸿答道："我一直希望自己的妻子是位能穿麻葛衣，并能与我一起隐居到深山老林中的人。而现在你却穿着绮缟等名贵的丝织品缝制的衣服，涂脂抹粉，梳妆打扮，这哪里是我理想中的妻子啊？"

孟女听了，对梁鸿说："我这些日子的穿着打扮，只是想验证一下，夫君你是否真是我理想中的贤士。妾早就准备有劳作的服装与用品。"说完，便将头发卷成髻，穿上粗布衣，架起织机，动手织布。梁鸿见状，大喜，对妻子说："你才是我梁鸿的妻子！"他为妻子取名为孟光，字德曜。

后来夫妻二人离开了齐鲁，到了吴地（今江苏苏州古城皋桥）。梁鸿一家住在大族皋伯通家宅的廊下小屋中，靠给人舂米过活。每次归家时，孟光备好食物，低头不敢仰视，送饭时把托盘举得跟眉毛一样高。

"举案齐眉"后形容夫妻互相尊敬。

3. "破镜重圆"的典故

典故出于唐朝孟棨《本事诗·情感》：陈太子舍人徐德言之妻，后主叔宝之妹，封乐昌公主，才色冠绝。时陈政方乱，德言知不相保，谓其妻曰："以君之才容，国亡必入权豪之家，斯永绝矣。倘情缘未断，犹冀相见，宜尤以信之。"乃破一镜，人执其半，约曰："他日必以正月望日卖于都市，我当在，即以是日访之。"及陈亡，其妻果入越公杨素之家，宠嬖殊厚。德言流离辛苦，仅能至京，遂以正月望日访于都市。有苍头卖半镜者，大高其价，人皆笑之。德言直引至其居，设食，具言其故，出半镜以合之，仍题诗曰："镜与人俱去，镜归人不归。无复嫦娥影，空留明月辉。"陈氏得诗，涕泣不食。素知之，怆然改容，即召德言，还其妻，仍厚遗之。闻者无不感叹。仍与德言陈氏偕饮，令陈氏为诗，曰："今日何迁次，新官对旧官。笑啼俱不敢，方验作人难。"遂与德言归江南，竟以终老。

破镜重圆这个成语故事是由华阴人、隋越国公杨素的一段成人之美的佳话而来的。杨素，字处道，在辅佐隋文帝杨坚结束割据，统一天下，建立隋朝江山方面立下了汗马功劳。他不仅足智多谋，才华横溢，而且文武双全，风流倜傥。在朝野上下都声势显赫，颇著声名。隋开皇九年，杨素与文帝杨坚的两个儿子俘获陈后主叔宝的嫔妃、亲戚，其中有陈叔宝的妹妹枣陈太子舍人徐德言之妻，也就是陈国的乐昌公主。由于杨素破陈有功，加之乐昌公主才色绝代，隋文帝就乱点鸳鸯，将乐昌公主送进杨素宅中，赐为杨素小妾。杨素既仰慕乐昌公主的才华，又贪图乐昌公主的美色，因此就更加宠爱，还为乐昌公主专门营造了宅院。然而乐昌公主却终日郁郁寡欢，默无一语。原来，乐昌公主与丈夫徐德言两心相知，情义深厚。陈国将亡之际，徐德言曾流着泪对妻子说："国已危如累卵，家安岂能保全，你我分离已成必然。以你这般容貌与才华，国亡后必然会被掠入豪宅之家，我们夫妻长久离散，名居一方，唯有日夜相思，梦中神会。倘若老天有眼，不割断我们今世的这段情缘，你我今后定会有相见之日。所以我们应当有个信物，以求日后相认重逢。"说完，徐德言把一枚铜镜一劈两半，夫妻二人各藏半边。徐德言又说："如果你真的被掠进富豪人家，就在明年正月十五那天，将你的半片铜镜拿到街市去卖，假若我也幸存人世，那一天就一定会赶到都市，通过铜镜去打问你的消息。"好容易盼到第二年正月十五，徐德言经过千辛万苦，颠沛流离，终于赶到都市大街，果然看见一个老头在叫卖半片铜镜。徐德言一看半片铜镜，知妻子已有下落，禁不住涕泪俱下。他不敢怠慢，忙按老者要的价给了钱，又立即把老者领到自己的住处。吃喝已罢，徐德言向老者讲述一年前破镜的故事，并拿出自己珍藏的另一半铜镜。两半铜镜还未吻合，徐德言早已泣不成声……卖镜老人被他们的夫妻深情感动，他答应徐德言，一定要在他们之间传递消息，让他们夫妻早日团圆。徐德言就着月光题诗一首，托老人带给乐昌公主。诗中这样写道："镜与人俱去，镜归人不归。无复嫦娥影，空留明月辉。"乐昌公主看到丈夫题诗，想到与丈夫咫尺天涯，难以相见，更是大放悲声，终日容颜凄苦，水米不进。杨素再三盘问，知道了其中情由，不由得被他二人的真情打动。他立即派人将徐德言召入府中，让他夫妻二人团聚，携手同归江南故里。这段佳话被四处传扬，所以就有了破镜重圆的典故，一直流传至今。

后世称夫妻分离而复合为"破镜重圆"典故就是从乐昌公主与徐德言这里来的。

第二节　典故与教育文化

中华民族历来十分重视教育，激励人们发奋学习，这样的传统也在典故词语中多有反映。

1. "庭训"的典故

典故出于《论语·季氏篇》：陈亢问于伯鱼曰："子亦有异闻乎？"对曰："未也。"尝独立，鲤趋而过庭，曰："学诗乎？"对曰："未也。""不学诗，无以言。"鲤退而学诗。他日又独立，鲤趋而过庭，曰："学礼乎？"对曰："未也。""不学礼，无以立。"鲤退而学礼。闻斯二者。陈亢退而喜曰："问一得三，闻诗、闻礼，又闻君子之远其子也。"

陈亢问伯鱼："你有受到老师特别的教诲吗？"伯鱼回答说："没有。有一次他独自站在庭院中，我快步从庭院走过，他说：'学《诗经》了吗？'我回答说：'没有。'他说：'不学诗，就说不好话。'我就回去学《诗经》。又有一天，他又独自站在庭院中，我快步从庭院走过，他说：'学《礼》了吗?'我回答说：'没有。'他说：'不学《礼》就不懂得怎样立身。'我就回去学《礼》。我只了解这两件事。"陈亢回去高兴地说："我问一件事（却）知道了三件事，知道了学《诗》的意义，知道了学《礼》的意义，还知道了君子不偏爱自己儿子的道理。"

"庭训"的典故后指父亲的教诲。

2."孟母断机"的典故

典故出于《列女传》卷一：孟子之少也，既学而归。孟母方绩，问曰："学何所至矣?"孟子曰："自若也。"孟母以刀断其织。孟子惧而问其故。孟母曰："子之废学，若我断斯织也。夫君子学以立名，问则广知，是以居则安宁，动则远害。今而废之，是不免于厮役，而无以离于祸患也。何以异于织绩而食？中道废而不为，宁能衣其夫子而长不乏粮食哉？女则废其所食，男则堕于修德，不为盗窃，则为虏役矣!"孟子惧，旦夕勤学不息，师事子思，遂成天下之名儒。君子谓孟母知为人母之道矣。

孟子小的时候，放学回家，他的母亲正在织丝，问道："学习怎么样了?"孟子说："跟过去一样。"孟母见他无所谓的样子，十分恼火，用剪刀剪断织好的布。孟子害怕极了，就问他母亲这样做的原因。孟母说："你荒废学业，如同我剪断这丝一样。有德行的人学习是为了树立名声，多问才能增长知识。所以平时能安宁，做起事来就可以避免于祸害。现在荒废了学业，就不免于做下贱的劳役，而且难于避免祸患。这和依靠织布而生存有什么不一样的呢？假如中途废弃而不做，哪能使她的丈夫和儿子有衣服穿并且长期不缺乏粮食呢？女人如果荒废了生产家里需要的生活必需品，男人放松了自己的修养和德行，那么一家人不做强盗小偷就只能做奴隶劳役了！"孟子吓了一跳，自此，孟子从早到晚勤奋学习不休息，把子思当作老师，终于成了天下有大学问的人。有德行的人认为孟母懂得做母亲的法则。

"孟母断机"的典故内容为古代思想家、教育家孟子的母亲通过剪断织丝来教育孟子要抓紧时间学习，帮助孟子日后成为大学者。故事教育后人要勤奋学习。这个典故显示了中国古代教育的一种文化——母亲的教育。"断织"一词流传很广的原因，就在于孟母教子的故事反映出望子成龙的普遍思想。

3. "悬梁刺股"的典故

典故出于《太平御览》卷三百六十三引《汉书》：汉人孙敬，字文宝，好学，晨夕不休。及至眠睡疲寝，以绳系头，悬屋梁。《战国策·秦策一》：（苏秦）读书欲睡，引锥自刺其股，血流至足。

东汉时候，有个人名叫孙敬，是著名的政治家。开始由于知识浅薄得不到重用，连家里人都看不起他，使他大受刺激，下决心认真钻研。经常关起门，独自一人不停地读书。每天从早到晚读书，常常是废寝忘食。读书累了，也不休息。时间久了，疲倦得直打瞌睡。他怕影响读书学习，就想出了一个特别的办法。古时候，男子的头发很长。他就找一根绳子，一头牢牢地绑在房梁上。当他打盹了，头一低，绳子就会牵住头发，这样就会把头皮扯痛了，马上就清醒了，再继续读书学习。

战国时期，有一个人名叫苏秦，也是出名的政治家。在年轻时，由于学问一般，曾到好多地方做事，都不受重视。回家后，家人对他也很冷淡，瞧不起他。这对他的刺激很大。所以，他下定决心，发奋读书。他常常读书到深夜，很疲倦，常打盹，直想睡觉。于是他想出了一个方法，准备一把锥子，一打瞌睡，就用锥子往自己的大腿上刺一下。这样，猛然间感到疼痛，使自己清醒过来，再坚持读书。

后人将这两个故事合成"悬梁刺股"，用来激励人发愤读书学习，用来教人树立向学之心。

4. "韦编三绝"的典故

典故出于《史记·孔子世家》：孔子晚而喜《易》，序《象》《系》《象》《说卦》《文言》。读《易》，韦编三绝。曰："假我数年，若是，我于《易》则彬彬矣。"

孔子晚年喜欢读《易》，并且撰写了《彖》上下、《象》上下、《系辞》上下、《文言》《序卦》《说卦》《杂卦》等，合称"十翼"，又称《易大传》。韦，熟牛皮。古代用竹片写书，再用皮条编缀成册。三，指多次。绝，断。孔子勤读《易》书，致使编缀的皮条多次断开。他还说："如果多给我几年工夫，那么，我对于《易》的知识会更加丰富的。"《论语·述而》载：

"子曰：'加我数年，五十以学《易》，可以无大过矣。'""加"与"假"意近。如果 50 岁就开始学习《周易》，那么就可以不犯大错误了。

"韦编三绝"是孔子勤读《易》书的一则典故，鼓励后人发奋读书。

5. "囊萤照读"的典故

典故出于《晋书·车胤传》：车胤恭勤不倦，博学多通，家贫不常得油，夏月则练囊盛数十萤火以照书，以夜继日焉。

晋代时，车胤从小好学不倦，但因家境贫困，父亲无法为他提供良好的学习环境。为了维持温饱，没有多余的钱买灯油供他晚上读书。为此，他只能利用白天时间背诵诗文。一个夏夜，他正在院子里背一篇文章，忽然见许多萤火虫在低空中飞舞。他想，如果把许多萤火虫集中在一起，不就成为一盏灯了吗？于是，他去找了一只白绢口袋，随即抓了几十只萤火虫放在里面，再扎住袋口，把它吊起来。虽然不怎么明亮，但可勉强用来看书了。由于他勤学好问，后来终有成就，官至吏部尚书。

"囊萤照读"形容家境贫穷，仍夜以继日，苦学不倦，比喻人勤学好问。

6. "凿壁偷光"的典故

典故出于《西京杂记》卷二：匡衡，字稚圭，勤学而无烛，邻舍有烛而不逮，衡乃穿壁引其光，以书映光而读之。

匡衡，西汉人。有一天晚上，匡衡躺在床上背白天读过的书。背着背着，突然看到东边的墙壁上透过来一线亮光。他霍地站起来，走到墙壁边一看，原来从壁缝里透过来的是邻居的灯光，他就凑着透进来的灯光，读起书来。匡衡就这样刻苦地学习，后来成了一个大学问家。

"凿壁偷光"的典故现在人们一般用此成语来形容勤学苦读。

7. "程门立雪"的典故

典故出于《宋史·杨时传》：杨时字中立，南剑将乐人。幼颖异，能属文，稍长，潜心经史。熙宁九年，中进士第。时河南程颢与弟颐讲孔、孟绝学于熙、丰之际，河、洛之士翕然师之。时调官不赴，以师礼见颢于颍昌，相得甚欢。其归也，颢目送之曰："吾道南矣。"四年而颢死，时闻之，设位哭寝门，而以书赴告同学者。至是，又见程颐于洛，时盖年四十矣。一日见颐，颐偶瞑坐，时与游酢侍立不去，颐既觉，则门外雪深一尺矣。……德望日重，四方之士不远千里从之游，号曰龟山先生。

杨时，字中立，是剑南将乐人。小的时候非常聪颖，善于写文章。年纪稍大一点后，专心研究经史书籍。宋熙宁九年，杨时进士及第，当时，河南人程颢和弟弟程颐在熙宁、元丰年间讲授孔子和孟子的学术精要（即理学），河南洛阳这些地方的学者都去拜他们为师，杨时虽被调去做官，但他都没有去，在颍昌拜程颢为师，师生相处得很好。杨时回家的时候，程颢目送他说："我的学说将向南方传播了。"又过了四年程颢去世了，杨时听说以后，在内门设了程颢的灵位哭祭，又用书信通知一起读书的人。程颢死了以后，杨时又到洛阳拜见程颐，这时杨时大概 40 岁了。一天杨时拜见程颐，程颐正在打瞌睡，杨时与同学游酢恭敬地站在一旁没有离开，等到程颐睡醒来时，门外的雪已经一尺多深了。杨时的德行和威望一日比一日高，四方之人士不远千里与之交游，其号为"龟山先生。"

　　"程门立雪"的典故指学生恭敬受教，现指尊敬师长，比喻求学心切和对有学问长者的尊敬。

第三节　典故与礼仪法令

1. "三令五申"的典故

　　典故出于《史记·孙子吴起列传》：约束既布，乃设铁钺，即三令五申之。孙子武者，齐人也。以兵法见于吴王阖庐。阖庐曰："子之十三篇，吾尽观之矣，可以小试勒兵乎？"对曰："可。"阖庐曰："可试以妇人乎？"曰："可。"于是许之，出宫中美女，得百八十人。孙子分为二队，以王之宠姬二人各为队长，皆令持戟。令之曰："汝知而心与左右手、背乎？"妇人曰："知之。"孙子曰："前，则视心；左，视左手；右，视右手；后，即视背。"妇人曰："诺。"约束既布，乃设鈇钺，即三令五申之。于是鼓之右，妇人大笑。孙子曰："约束不明，申令不熟，将之罪也。"复三令五申而鼓之左，妇人复大笑。孙子曰："约束不明，申令不熟，将之罪也；既已明而不如法者，吏士之罪也。"乃欲斩左右队长。吴王从台上观，见且斩爱姬，大骇。趣使使下令曰："寡人已知将军能用兵矣。寡人非此二姬，食不甘味，愿勿斩也。"孙子曰："臣既已受命为将，将在军，君命有所不受。"遂斩队长二人以徇。用其次为队长，于是复鼓之。妇人左右、前后、跪起皆中规矩绳墨，无敢出声。

　　春秋时候，有一位著名军事学家名叫孙武，他携带自己写的《孙子兵法》去见吴王阖闾。吴王看过之后说："你的十三篇兵法，我都看过了，能否拿我的军队试试？"孙武说可以。吴王再问："用妇女来试验可以吗？"孙武也说可以。于是吴王召集一百八十名宫中美女，请孙武训练。孙武将她们分为两队，用吴王宠爱的两个宫姬为队长，并叫她们每个人都拿着长戟。队伍站好后，孙武便发问："你们知道心胸、左右手、背后吗？"众女兵说："知道。"孙武再说："向前就看心胸；向左就看左手；向右就看右手；向后就看背后。"众女兵说："明白了。"于是孙武使命搬出铁钺（古时杀人用的刑具），三番五次向她们申戒。说完便击鼓发出向右转的号令。怎知众女兵不但没有依令行动，反而哈哈大笑。孙武见状说："解释不明，交代不清，应该是将官们的过错。"于是又将刚才一番话详尽地再向她们解释一次。再而击鼓发出向左转的号令。众女兵仍然只是大笑。孙武便说："解释不明，交代不清，是将官的过错。既然交代清楚而不听令，就是队长和士兵的过错了。"说完命左右随从把两个队长推出斩首。吴王正坐在高台上兴致勃勃地看热闹，忽然看见那两个宠姬被押出去斩首，大吃一惊。他做梦也想不到孙武会这样认真，就马上派人跑去对孙武求情说："我已经知道将军是很能用兵的了。但是，要是没有这两个女姬，我吃东西都没味了，请不要杀她们。"孙武说："将军统兵在外，即使是君王的命令，有时也可以不听从。"他坚决把两个姬妾斩了，同时另外任命两位宫女做队长。宫女们很害怕，孙武再次发令时，所有的宫女都整齐认真地操练，不敢再当作儿戏了。吴王也不得不佩服孙武的才能。

"三令五申"是我国古代军事纪律的简称。"三令"，一令观敌人之谋，视道路之便，知生死之地；二令听金鼓、视旌旗，以齐耳目；三令举斧钺，以宜其刑赏。"五申"，一申赏罚，以一其心；二申视分合，以一其途；三申画战阵旌旗；四申夜战听火鼓；五申听令不恭，视之以斧钺。"三令五申"是教育将士应该在战争中和军事行动中明确作战守则。现在用来表示向下级再三命令或告诫之意。

2."奉公守法"的典故

典故出于《史记·廉颇蔺相如列传》：赵奢者，赵之田部吏也。收租税，而平原君家不肯出租。奢以法治之，杀平原君用事者九人。平原君怒，将杀奢。奢因说曰："君于赵为贵公子，今纵君家而不奉公则法削，法削则国弱，国弱则诸侯加兵，诸侯加兵，是无赵也。君安得有此富乎？以君之贵，奉公如法则上下平，上下平则国强，国强则赵固，而君为贵戚，岂轻于天下邪？"平原君以为贤，言之于王。王用之治国赋，国赋大治，民富而府库实。

赵奢是赵国负责收税的官员。他到平原君家收取租税，但平原君家人不肯缴税，赵奢根据律法处治了他们，杀了平原君家九个管事的家人。平原君恼怒，要杀了赵奢。赵奢劝说道："您在赵国是贵公子，现在纵容您的家臣不奉行公事，法律就会削弱。法律削弱，国家就衰弱。国家衰弱，诸侯就加强战争，诸侯加强战争，赵国就不存在了，您怎么能够得到这样的富足呢？凭着您的尊贵地位，奉行公事，遵守法律，全国上下就太平，全国上下太平，国家就强大，国家强大，赵国就稳固，您作为赵国重臣贵戚，怎么能被天下人轻视呢？"平原君认为赵奢是一个贤能的人，对国王说了这件事。赵王任用他管理国家的赋税，没有多少时间，赵国百姓富裕而且国家府库充实。

"奉公守法"现在指的是奉公行事、遵守法令，形容办事守规矩。

3. "约法三章"的典故

典故出于《史记·高祖本纪》：汉元年十月，沛公兵遂先诸侯至霸上。秦王子婴素车白马，系颈以组，封皇玺符节，降轵道旁。诸将或言诛秦王。沛公曰："始怀王遣我，固以能宽容；且人已服降，又杀之，不祥。"乃以秦王属吏，遂西入咸阳。欲止宫休舍，樊哙、张良谏，乃封秦重宝财物府库，还军霸上。召诸县父老豪杰曰："父老苦秦苛法久矣，诽谤者族，偶语者弃市。吾与诸侯约，先入关者王之，吾当王关中。与父老约，法三章耳：杀人者死，伤人及盗抵罪。馀悉除去秦法。诸吏人皆案堵如故。凡吾所以来，为父老除害，非有所侵暴，无恐！且吾所以还军霸上，待诸侯至而定约束耳。"乃使人与秦吏行县乡邑，告谕之。秦人大喜，争持牛羊酒食献飨军士。沛公又让不受，曰："仓粟多，非乏，不欲费人。"人又益喜，唯恐沛公不为秦王。

汉元年十月，沛公的军队在各路诸侯中最先到达霸上。秦王子婴驾着白车白马，用丝绳系着脖子，封好皇帝的御玺和符节，在轵道旁投降。将领们有的说应该杀掉秦王。沛公说："当初怀王派我攻关中，就是认为我能宽厚容人；再说人家已经投降了，又杀掉人家，这么做不吉利。"于是把秦王交给主管官吏，就向西进入咸阳。沛公想留在秦宫中休息，樊哙、张良劝阻，这才下令把秦宫中的贵重宝器财物和库府都封好，然后退回来驻扎在霸上。沛公招来各县的父老和有才德有名望的人，对他们说："父老们苦于秦朝的苛虐法令已经很久了，批评朝政得失的要灭族，相聚谈话的要处以死刑，我和诸侯们约定，谁首先进入关中就在这里做王，所以我应当当关中王。现在我和父老们约法三章：杀人者处死刑，伤人者和抢劫者依法治罪。其余凡是秦朝的法律全部废除。所有官吏和百姓都像往常一样，安居乐业。总之，我到这里来，就是要为父老们除害，不会对你们有任何侵害，请不要害怕！再说，我之所以把军队撤回霸上，是想等着各路诸侯到来，共同制定一个规约。"随即派人和秦朝的官吏一起到各县邑、乡村去巡视，向民众讲明情况。秦地的百姓都非常喜悦，争着送来牛羊酒食，慰劳士兵。沛公推让不肯接受，说："仓库里的粮食不少，并不缺乏，不想让大家破费。"人们更加高兴，唯恐沛公不在关中做秦王。

　　"约法三章"后泛指订立简单的条款，以资遵守。

4. "萧规曹随"的典故

　　典故出于《史记·曹相国世家》：惠帝二年，萧何卒，参闻之，告舍人趣治行，"吾将入相。"居无何，使者果召参。……参始微时，与萧何善，及为将相，有郤。至何且死，所推贤唯参。参代何为汉相国，举事无所变更，一遵萧何约束。择郡国吏木讷于文辞，重厚长者，即召除为丞相史；吏之言文刻深、欲务声名者，辄斥去之。日夜饮醇酒。卿大夫已下吏及宾客见参不事事，来者皆欲有言。至者，参辄饮以醇酒，间之，欲有所言，复饮之，醉而后去，终莫得开说，以为常。相舍后园近吏舍。吏舍日饮歌呼，从吏恶之，无如之何，乃请参游园中，闻吏醉歌呼，从吏幸相国召按之，乃反取酒张坐饮，亦歌呼与相应和。参见人之有细过，专掩匿覆盖之，府中无事。参子窋为中大夫。惠帝怪相国不治事……窋既洗沐归，闲侍，自从其所谏参。参怒，而笞窋二百，曰："趣入侍，天下事非若所当言也。"至朝时，惠帝让参曰："与窋胡治乎？乃者我使谏君也。"

参免冠谢曰："陛下自察圣武孰与高帝?"上曰："朕乃安敢望先帝乎!"曰："陛下观臣能孰与萧何贤?"上曰："君似不及也。"参曰："陛下言之是也。且高帝与萧何定天下,法令既明,今陛下垂拱,参等守职,遵而勿失,不亦可乎?"惠帝曰："善,君休矣!"

惠帝二年,萧何死了,曹参听说了这个消息,告诉舍人:"赶快治办行装,我将要进入国都当相国。"待了没有几天,使臣果然召曹参回去。曹参当初地位卑微时,跟萧何友好,等到做了将军、相国,两人有了隔阂。到萧何将死的时候,所推荐的贤相只有曹参。

曹参接替萧何做汉朝的相国,所有的事务都没有改变,完全遵守萧何制定的规约。选拔郡和封国的官吏:呆板而言语钝拙、忠厚的长者,就招来任命为丞相史;说话雕琢、严酷苛刻、想竭力追求名声的官吏,就斥退赶走他。曹参日夜喝醇厚的酒。卿大夫以下的官吏和宾客见到曹参不做事,来的人都想规劝。曹参就把醇厚的酒给他们喝,一有空,官员们想要有话说,曹参又让他们喝酒,喝醉以后才离开,始终不能进说,这成为常见的事。相国官邸的后园靠近官员的住处,官员每天饮酒唱歌呼喊,曹参的随从、侍吏厌恶他们,但不能对他们怎么样,就请曹参到园中游玩,听见官员酒醉唱歌呼喊,随从侍吏希望相国制止他们,曹参竟反而取来酒设座唱起来,也唱歌呼喊跟他们彼此呼应。曹参见到别人有小过错,一心给隐藏遮盖,相府中没发生过事。曹参的儿子曹窋任中大夫,惠帝责怪相国不治理国事。曹窋休假以后回去了，乘机进言，按照惠帝的话劝谏曹参。曹参愤怒，用竹板打了曹窋二百下，说："赶快入朝侍奉皇帝，天下的事不是你应当谈论的。"到了朝拜时，惠帝责备曹参说："为什么给曹窋处罚呢？先前是我让他劝谏你。"曹参摘下帽子谢罪说："陛下自己考察和高皇帝比哪一个圣明英武？"皇上说："我怎么敢与先帝比呢！"曹参又说："陛下看我的能力和萧何比哪一个更强？"皇上说："你好像赶不上萧何。"曹参说："陛下说的正确。况且高皇帝和萧何平定天下，法令已经明确，现在陛下垂衣拱手（指无为而治），我这样一类人恪守职责，遵循前代之法不要丢失，不也可以吗？"惠帝说："好，你歇着去吧。"

　　"萧规曹随"指的是：萧何创立了规章制度，死后，曹参做了宰相，仍照着实行，比喻按照前人的成规办事。后以"萧规曹随"为后人沿用前人遗制的典故。

第六章　课本中的中华典故

　　我们的中学课本中有大量的中华古典诗文，在其中也运用了大量的典故来使作品更加增添光彩，现在举出其中的一些来供大家参考。

第一节　神话典故

1. "望帝啼鹃"的典故

　　典故出于《禽经·杜鹃》"蜀右曰杜宇"张华引汉李膺《蜀志》：望帝称王于蜀，得荆州人鳖灵，便立以为相。后数岁，望帝以其功高，禅位于鳖灵，号曰开明氏。望帝修道，处西山而隐，化为杜鹃鸟，或云化为杜宇鸟，亦曰子规鸟，至春则啼，闻者凄恻。

　　相传上古时代，蜀地有一位很贤明的部落首领，名叫杜宇，他领导臣民走出了茹毛饮血、刀耕火种的蛮荒时代，深受百姓爱戴，人们尊称他为望帝。当时，与巴蜀东邻的荆州，有个叫鳖灵的人，因犯法被判了死刑，他不甘束手待毙，便连夜越狱逃亡，驾着一叶小舟，沿长江溯流而上。到了蜀国，便去拜见望帝。望帝见他谈吐不凡，颇有一番治世壮志，确实是个人才，便任命他为蜀国宰相。鳖灵一上任，大刀阔斧进行改革，兴修水利，发展生产。百姓富足，安居乐业，蜀地因之成了天府之国。不料，天有不测风云。过了几年，四川盆地气候变暖，酷热异常。蜀国都城西北的玉垒山上积雪消融，洪水泛滥，大部分地区成了水乡泽国，许多人流离失所。鳖灵带领数万名民工，叩石垦壤，疏浚河道，修筑堤坝，植树造林，历尽千辛万苦，终于治理了水患，让蜀地百姓重建家园。

当鳖灵凯旋时，望帝亲自出郭迎接，并设宴为他庆功。这时望帝决心禅让帝位，但又怕鳖灵不肯接受，便乘夜悄悄离开宫殿，隐居到西山修道去了。临行前，望帝留下一道命令，遍告天下，把帝位让给鳖灵，新君帝号开明氏，希望百姓服从新主领导，不要以他为念。不料这鳖灵原是江湖的混混，劣根性未改，入主蜀宫后，骄奢淫逸，不久便掏空了国库，于是横征暴敛，民不聊生，怨声载道。消息传到西山，望帝懊悔不已，郁郁病故。

望帝死后，化作杜鹃，叫声十分哀怨凄苦，直至啼出血来。但是，他至死没有忘记他的人民，每到早春二月，他都在山中呼唤着"布谷——布谷"，催促百姓下田播种。因此人们又称杜鹃鸟为布谷鸟。后人遂用"望帝啼鹃"比喻冤魂的悲鸣；用"望帝、望帝魂、杜宇、杜宇魂、杜魄、杜宇魄、蜀王魄、蜀帝

魂、古帝魂、蜀鸟、蜀魄、蜀魂、蜀鹃"等指杜鹃鸟；用"杜
鹃啼血、子规啼血"等指杜鹃鸟的哀鸣。常用以描写哀怨、凄
凉或思归的心情。"杜鹃暮春至，哀哀叫其间。我常见再拜，重
是古帝魂。"（杜甫《杜鹃》诗）自晋以降，历代诗词曲赋用此
典者不可胜计。也有说杜鹃的叫声似乎是"不如归去"，于是杜
鹃也叫"不如归"。

2. "结草以报"的典故

典故出于《左传·宣公十五年》：秋七月，秦桓公伐晋，次
于辅氏。壬午，晋侯治兵于稷，以略狄土，立黎侯而还。及洛，
魏颗败秦师于辅氏。获杜回，秦之力人也。初，魏武子有嬖妾，
无子。武子疾，命颗（武子之子）曰："必嫁是。"疾病，则曰：
"必以为殉。"及卒，颗嫁之，曰："疾病则乱，吾从其治也。"
及辅氏之役，颗见老人结草以亢杜回，杜回踬而颠，故获之。
夜梦之曰："余，而所嫁妇人之父也。尔用先人之治命，余是
以报。"

公元前 594 年的秋七月，秦桓公出兵伐晋，晋军和秦兵在
晋地辅氏（今陕西大荔县）交战，晋将魏颗与秦将杜回相遇，
二人厮杀在一起，正在难分难解之际，魏颗突然见一老人用草
编的绳子套住杜回，使这位堂堂的秦国大力士站立不稳，摔倒
在地，当场被魏颗所俘，使得魏颗在这次战役中大败秦师。原
来，晋国大夫魏武子有位爱妾祖姬，无子。魏武子生病时嘱咐
儿子魏颗说："我若死了，你一定要选良配把她嫁出去。"后来

魏武子病重，又对魏颗说："我死之后，一定要让她为我殉葬，使我在九泉之下有伴。"等到魏武子死后，魏颗没有把祖姬杀死陪葬，而是把她嫁给了别人。其弟责问为何不遵父临终之愿，魏颗说："人在病重的时候，神智是昏乱不清的，我嫁此女，是依据父亲神志清醒时的吩咐。"晋军获胜收兵后，当天夜里，魏颗在梦中见到那位白天为他结绳绊倒杜回的老人，老人说："我是你所嫁出去的夫人的父亲，你用了先人发给你的好的命令，没有让我女儿陪葬，所以我结草抵抗杜回来报答你！"

3. "东海孝妇"的典故

典故出于《汉书·于定国传》：东海有孝妇，少寡，亡子，养姑甚谨。姑欲嫁之，终不肯。姑谓邻人曰："孝妇事我勤苦，哀其亡子守寡。我老，久累丁壮，奈何？"其后，姑自经死。姑女告吏："妇杀我母。"吏捕孝妇。孝妇辞不杀姑，吏验治，孝妇自诬服。具狱上府，于公以为此妇养姑十余年，以孝闻，必不杀也。太守不听，于公争之，弗能得。乃抱其具狱，哭于府上，因辞疾去。太守竟论杀孝妇。郡中枯旱三年。后太守至，卜筮其故，于公曰："孝妇不当死，前太守强断之，咎党在是乎？"于是太守杀牛自祭孝妇冢，因表其墓，天立大雨，岁孰。郡中以此益敬重于公。

汉朝时，东海有一个孝妇，很早就死了丈夫，又没有儿子，但赡养婆婆非常周到，婆婆想让她再嫁，但她坚决不肯。婆婆对邻人说："媳妇侍候我实在辛苦，可怜她失去儿子又守了寡。

我老了，拖累年轻人太久了，怎么办呢?"后来，婆婆就上吊自杀了。她的女儿就到官府告状说："那妇人杀了我母亲。"官府就拘捕了孝妇，用刑具拷打惩处她，孝妇实在受不了那种痛苦，违心地被迫承认自己有罪。当时于公担任狱吏，认为这个妇人赡养婆婆十多年，以孝顺而出名，一定不会杀人。太守不接受他的意见，于公争辩而不被理会，就抱着那案件的供词在太守住所痛哭后离去。太守最后杀了那妇人。孝妇被杀后，郡中大旱，三年没有下过雨。后任太守到任后，于公说："孝妇不应当被判死刑，前任太守冤杀了她，过失就在这里。"于是太守亲自去祭奠孝妇的墓，在墓前刻石，表彰她的德行，天立即下起雨来，当年获得丰收。从此人们非常敬重于公。元代关汉卿在这个故事的基础上创作了中国十大悲剧之一的《窦娥冤》，影响深远。

4. "精卫填海" 的典故

典故出于《山海经·北山经》：又北二百里，曰发鸠之山，其上多柘木。有鸟焉，其状如乌，文首、白喙、赤足，名曰精卫，其鸣自詨。是炎帝之少女，名曰女娃，女娃游于东海，溺而不返，故为精卫。常衔西山之木石，以埋于东海。漳水出焉，东流注于河。

精卫填海，是中国上古神话传说之一。相传精卫本是炎帝神农氏的小女儿，名唤女娃，一日女娃到东海游玩，溺于水中。死后其不平的精灵化作花脑袋、白嘴壳、红色爪子的一种神鸟，每天从山上衔来石头和草木，投入东海。后用"精卫填海"比喻有冤仇志在必报，亦喻不畏艰难，奋斗不息。

5. "苌弘化碧"的典故

典故出于《左传·哀公三年》：苌弘为周卿士刘文公所属大夫，刘氏与晋范氏世婚，在晋卿内讧中，刘助范。因而"赵鞅以为讨。六月癸卯，周人杀苌弘"。然后《庄子·外物》记载：人主莫不欲其臣之忠，而忠未必信，故伍员流于江，故伍员流于江，苌弘死于蜀，藏其血三年而化为碧。

东周周景王时，苌弘任上大夫。景王死后，王族内乱，苌弘和卿士刘文公联手，借晋国帮助平乱，辅立王子即位，史称周敬王。苌弘忠心耿耿，尽心竭力，又有修齐治平之雄才大略，深得周敬王的信任。君臣同心戮力，想复兴周朝，但是，他们这样做，引起诸侯国中一些政客的嫉恨，卫国大夫彪说："周王朝自从幽王昏乱以来，至今已历十四世了。苌弘还想复辟，一定不会有什么好结果的。"不久，晋国的范氏、中行氏、智氏、赵氏、魏氏、韩氏六卿内讧混战，范氏和中行氏被其他四氏剿灭。范氏原为晋国执政正卿，又和周王室的卿士刘文公有姻亲关系。因此，在晋国内乱时，周王室明显地站在范氏和中行氏一边。赵、智、魏、韩四氏灭了范氏和中行氏后，接着又追究周王室中支持范氏和中行氏的人。他们知道刘文公根基深、地位高，无法扳倒，便指名道姓要周敬王惩治苌弘，而周敬王认为苌弘是辅立自己的功臣，一向忠心不二，不肯惩处他。晋国

正卿赵鞅便派大夫叔向出使周王室，用阴谋诡计离间周敬王和
苌弘的君臣关系。他故意频繁地同苌弘接触，有时密谈到深夜
才告辞，试图引起周敬王和刘文公的怀疑。最后，叔向去晋见
周敬王时煞有介事地说："大王，我们晋国已经查明范氏、中行
氏之乱与苌弘无关，你不必再查究苌弘了。我也便告辞回国复
命去了。"叔向临走时，故作匆忙状，不慎把袖中一封伪造的信
件遗落在殿阶上。内侍把信捡起来交给周敬王。周敬王打开一
看，竟是苌弘写给叔向的密信。信曰："请转告晋君，尽速发兵
攻打周国，我将迫使敬王废黜刘氏，以做内应"云云，周敬王
把信传给刘文公，刘看了大怒，不辨真假，不由分说，立即要
周敬王搜捕苌弘，诛灭其九族。周敬王念其辅佐之功，不忍加
害，但最终还是把苌弘放逐到千里之外的蛮荒蜀地去。苌弘有
口难辩，悲愤交加，没想到自己对周王室一片忠心，到头来却
因一封假信，落得如此悲惨结局。他到蜀地后，郁郁寡欢。不
久便剖腹自杀了。苌弘的冤死，引起了当地吏民的怜惜同情，
他们把苌弘的血用玉匣子盛起来，埋葬立碑纪念。三年后，掘
土迁葬，打开玉匣一看，他的血已化成了晶莹剔透的碧玉。后
人遂用"苌弘化碧""血化碧""碧化""碧血""血碧""三年化
碧"等形容刚直忠正，为正义事业而蒙冤抱恨。关汉卿《窦娥
冤》："等他四下里皆瞧见，这就是咱苌弘化碧，望帝啼鹃。"辛
弃疾《兰陵王》："苌弘事，人道后来，其血三年化为碧。"顾况
《露青竹杖歌》："玉润犹沾玉垒雪，碧鲜似染苌弘血。"温庭筠
《马嵬诗》："返魂无验青烟灭，埋血空成碧草愁。"秋瑾《饮

酒》："一腔热血勤珍重，洒去犹能化碧涛。"

第二节　历史故事

1. "青白眼"的典故

　　典故出于唐朝房玄龄《晋书·阮籍传》：籍又能作青白眼，见礼俗之士，以白眼对之。及嵇喜来吊，籍作白眼，喜不怿而退。喜弟康闻之，乃赍酒挟琴造焉，籍大悦，乃见青眼。

　　青眼：晋代阮籍以眼珠正视对方，以示尊敬、器重，因以"青眼"指尊重对方。白眼：眼珠向上翻出或向旁边转出眼白部分，表示看不起人或不满意。魏晋时期，阮籍性格狂放不羁，做事总是由着性子，他的母亲病故，嵇康的哥哥嵇喜前去吊丧。阮籍不喜欢他就以白眼相待。嵇喜回去对嵇康倾诉受到冷遇。嵇康带上酒与琴前去吊丧，阮籍见了大喜，马上变作青眼热情招待。

2. "封狼居胥"的典故

　　典故出于《汉书·霍去病传》：骠骑将军去病率师躬将所获荤允之士，约轻赍，绝大幕，涉获单于章渠，以诛北车耆，转击左大将双，获旗鼓，历度难侯，济弓卢，获屯头王、韩王等三人，将军、相国、当户、都尉八十三人，封狼居胥山，禅于姑衍，登临瀚海。

　　狼居胥山第一次登上历史的舞台是在西汉元狩四年。是年，汉武帝对匈奴发动了具有决定性意义的攻击。而此前，匈奴仰仗自己的铁骑之雄、鸣镝之利屡屡犯边、劫掠中土。汉武帝命卫青、霍去病率几十万雄兵，分两路横渡大漠追歼匈奴。霍去病率兵突入匈奴腹地两千余里，与匈奴左贤王相遇，霍去病斩首七万余，而后乘胜挥军北进，直到大漠深处的狼居胥山。到此山下，强敌远遁，放眼四顾，悲风扬沙。霍去病命人堆土增山，然后他登临山顶，南面中原设坛祭拜天地，并在山上立碑纪念，以示此地纳为汉家疆土。"封狼居胥"典故即来源于此，以此作为对将军们最大战功的旌表。

"封狼居胥"不仅象征着功绩，它也是对自不量力者最大的讽刺。南北朝时，北方少数民族崛起，南方汉族政权偏安一隅无力统一，但当时南朝的宋文帝刘义隆好大喜功。他听了王玄谟的北伐计划后对臣下说："闻王玄谟陈说，使人有封狼居胥之意。"话说的很大，实力却着实不济。元嘉二十七年，刘宋王朝的北伐一败涂地。被强敌北魏一直追到长江北岸，京师震动，刘宋几乎亡国。后人在提起这段往事时，对宋文帝的牛皮多有嘲讽和不屑。辛弃疾词中写道："元嘉草草，封狼居胥，赢得仓皇北顾。"

3. "求田问舍"的典故

典故出自于《三国志·魏书·陈登传》：后许汜与刘备并在荆州牧刘表坐，表与备共论天下人，汜曰："陈元龙湖海之士，豪气不除。"备谓表曰："许君论是非？"表曰："欲言非，此君为善士，不宜虚言；欲言是，元龙名重天下。"备问汜："君言豪，宁有事邪？"汜曰："昔遭乱过下邳，见元龙。元龙无客主之意，久不相与语，自上大床卧，使客卧下床。"备曰："君有国士之名，今天下大乱，帝主失所，望君忧国忘家，有救世之意，而君求田问舍，言无可采，是元龙所讳也，何缘当与君语？如小人，欲卧百尺楼上，卧君于地，何但上下床之间邪？"

刘备、许汜与刘表在一起共论天下之士。谈到陈登时，许汜不以为然地说："陈元龙乃湖海之士，骄狂之气至今犹在。"刘备虽然对陈登十分熟悉，但他没有立即反驳许汜，转而问刘表："您觉得许君所言对不对？"刘表说："如果说不对，但许君是个好人，不会随便说别人假话的；要说对，陈元龙又盛名满天下！"刘备问许汜："您认为陈元龙骄狂，有什么根据吗？"许汜说："我过去因世道动荡而路过下邳，见过陈元龙。当时他毫无客主之礼，很久也不搭理我，自顾自地上大床高卧，而让客人们坐在下床。"刘备应声道："您素有国士之风。现在天下大乱，帝王流离失所。元龙希望您忧国忘家，有匡扶汉室之志。可是您却向元龙提出田宅屋舍的要求，言谈也没有什么新意，这当然是元龙所讨厌的，又有什么理由要求元龙和您说话？假如当时是我，我肯定会上百尺高楼上去高卧，而让你们睡在地下，哪里只有区区上下床的区别呢？""求田问舍"本意是多方购买田地，到处问询房价。后用来比喻没有远大志向。

4. "树犹如此" 的典故

典故出自于《世说新语·言语》：桓公北征，经金城，见前为琅琊时种柳，皆已十围，慨然曰："树犹如此，人何以堪！"

东晋大司马桓温在北伐时路过金城，见到自己早年栽种的柳树已经有十围那么粗壮，不由得感慨："木犹如此，人何以堪！"以柳自比而发出的感叹：意思是感叹岁月无情，催人衰老，自然规律让人无奈、感伤。庾信有《枯树赋》："昔年种柳，依依汉南。今看摇落，凄怆江潭。树犹如此，人何以堪。"典故用于感叹岁月无情，催人衰老。

5."箪瓢陋巷"的典故

典故出于《论语·雍也篇》：子曰："贤哉，回也！一箪食，一瓢饮，在陋巷。人不堪其忧，回也不改其乐。贤哉，回也！"《史记·仲尼弟子列传》也记载：颜回者，鲁人也，字子渊。少孔子三十岁。颜渊问仁，孔子曰："克己复礼，天下归仁焉。"孔子曰："贤哉回也！一箪食，一瓢饮，在陋巷，人不堪其忧，回也不改其乐。回也如愚；退而省其私，亦足以发，回也不愚。用之则行，舍之则藏，唯我与尔有是夫！"回年二十九，发尽白，蚤死。孔子哭之恸，曰："自吾有回，门人益亲。"鲁哀公问："弟子孰为好学？"孔子对曰："有颜回者好学，不迁怒，不贰过。不幸短命死矣，今也则亡。"

颜回，是鲁国人，字子渊，比孔子小三十岁。颜渊问什么是仁，孔子说："约束自己，使你的言行符合于礼，天下的人就会称许你是有仁德的人了。"孔子说："颜回！是贤才啊！吃的是一小竹筐饭，喝的是一瓢水，住在简陋的巷子里，一般人忍受不了这种困苦，颜回却也不改变自己的乐趣。听我授业时，颜回像个蠢笨的人，下课后考察他私下的言谈，也能够刻意发挥，颜回实在不笨。""任用你的时候，就匡时救世，不被任用的时候，就藏道在身，只有我和你才有这样的处世态度吧！"颜回才二十九岁，头发就全白了，过早地死去。孔子哭得特别伤心，说："自从我有了颜回，学生们越来越和我亲近。"鲁哀公问："学生中谁是最好学习的？"孔子回答说："有个叫颜回的人最好学习，从不把怒火转移到别人身上，不犯同样的过失。不幸的是寿命很短，死了，现在就没有这样的人了。"

箪：古代盛饭的圆形竹器；瓢：古代装水的小容器。一箪食物，一瓢汤水。形容生活简朴，安贫乐道。

6. "不为五斗米折腰"的典故

典故出于《晋书·陶潜传》：陶潜字渊明，曾任彭泽县令。素简贵，不私事上官。郡遣督邮至县，吏白应束带见之，潜叹曰："吾不能为五斗米折腰，拳拳事乡里小人邪。"义熙二年，解印去县。乃赋《归去来》。

陶渊明生活于东晋时代，年轻时生活清贫，可为人乐观，又善于诗文。曾出任江州祭酒，由于他性情直爽，不满意官场丑恶，最后辞职归家。四十岁时，他被荐举为彭泽县令，到任后秉公办事，从不肯屈从于权势。有一次，郡府派了一个督邮前来彭泽检查公务。陶渊明既不亲自迎接，也不张罗宴席。下级官吏告诉他说："督邮是上司，你应该恭恭敬敬地迎接才对。"

陶渊明听后，感慨地说："我不能为五斗米的薪俸，而向这种乡里小儿折腰。"于是弃官回乡。从此以后，"不为五斗米折腰"成为有骨气的代称，形容为人清高，不屈身事人。唐代李白《梦游天姥吟留别》运用了这个典故："安能摧眉折腰事权贵，使我不得开心颜。"

7. "负荆请罪"的典故

典故出于《史记·廉颇蔺相如列传》：既罢，归国，以相如功大，拜为上卿，位在廉颇之右。廉颇曰："我为赵将，有攻城野战之大功，而蔺相如徒以口舌为劳，而位居我上。且相如素贱人，吾羞，不忍为之下。"宣言曰："我见相如，必辱之。"相如闻，不肯与会。相如每朝时，常称病，不欲与廉颇争列。已而相如出，望见廉颇，相如引车避匿。于是舍人相与谏曰："臣所以去亲戚而事君者，徒慕君之高义也。今君与廉颇同列，廉君宣恶言，而君畏匿之，恐惧殊甚。且庸人尚羞之，况于将相乎？臣等不肖，请辞去。"蔺相如固止之，曰："公之视廉将军孰与秦王？"曰："不若也。"相如曰："夫以秦王之威，而相如廷叱之，辱其群臣。相如虽驽，独畏廉将军哉？顾吾念之，强秦之所以不敢加兵于赵者，徒以吾两人在也。今两虎共斗，其势不俱生。吾所以为此者，以先国家之急而后私仇也。"廉颇闻之，肉袒负荆，因宾客至蔺相如门谢罪，曰："鄙贱之人，不知将军宽之至此也！"卒相与欢，为刎颈之交。

渑池会结束以后，由于蔺相如功劳大，被封为上卿，位在廉颇之上。廉颇说："我是赵国将军，有攻城野战的大功，而蔺相如只不过靠能说会道立了点功，他的地位却在我之上，况且相如本来是个平民。我感到羞耻，位列在蔺相如之下我难以忍受。"并且扬言说："我遇见相如，一定要羞辱他。"相如听到后，不肯和他相会，每到上朝时，常常推说有病，不愿和廉颇去争位次的先后。没过多久，相如外出，远远看到廉颇，就掉转车子回避。

于是蔺相如的门客就一起来直言进谏地说："我们所以离开亲人来侍奉您，就是仰慕您高尚的节义呀。如今您与廉颇同朝为官，廉将军口出恶言，而您却害怕躲避他，您怕得也太过分了，平庸的人尚且感到羞耻，何况是身为将相的人呢！我们这些人没出息，请让我们告辞吧！"蔺相如坚决地挽留他们，说："诸位认为廉将军和秦王相比谁厉害？"回答说："廉将军比不了秦王。"相如说："以秦王的威势，而我却敢在朝廷上呵斥他，羞辱他的群臣，我蔺相如虽然无能，难道会怕廉将军吗？但是我想到，强大的秦国之所以不敢攻打赵国邯郸城，就是因为有我和廉将军在呀，如今两虎相斗，势必不能共存。我之所以这样忍让，就是为了要把国家的急难摆在前面，而把个人的私怨放在后面。"蔺相如的话传到了廉颇的耳朵里。于是，他脱下战袍，背上荆条，到蔺相如府门上请罪。从此以后，他们俩成了刎颈之交。

负：背，背着。荆：是落叶丛生灌木，高四五尺，茎坚硬，可作杖，有刺。荆条长而柔韧，可以编制筐、篮、篱笆等。请罪：自己犯了错误，主动请求处罚让对方原谅。负荆请罪：背着荆杖，表示服罪，向当事人请罪。"负荆请罪"形容主动向人认错、道歉，给自己严厉责罚。

8."廉颇善饭"的典故

典故出于《史记·廉颇蔺相如列传》：赵孝成王卒，子悼襄王立，使乐乘代廉颇。廉颇怒，攻乐乘，乐乘走。廉颇遂奔魏之大梁。其明年，赵乃以李牧为将而攻燕，拔武遂、方城。廉颇居梁久之，魏不能信用。赵以数困于秦兵，赵王思复得廉颇，廉颇亦思复用于赵。赵王使使者视廉颇尚可用否。廉颇之仇郭开多与使者金，令毁之。赵使者既见廉颇，廉颇为之一饭斗米，肉十斤，被甲上马，以示尚可用。赵使还报王曰："廉将军虽老，尚善饭，然与臣坐，顷之三遗矢矣。"赵王以为老，遂不召。

赵孝成王去世，太子悼襄王即位，派乐乘接替廉颇。廉颇大怒，攻打乐乘，乐乘逃跑了。廉颇于是也逃奔魏国的大梁。第二年，赵国便以李牧为将进攻燕国，攻下了武遂、方城。廉颇在大梁住久了，魏国对他不能信任重用。赵国由于屡次被秦兵围困，赵王就想重新用廉颇为将，廉颇也想再被赵国任用。赵王派了使臣去探望廉颇，看看他还能不能任用。廉颇的仇人郭开用重金贿赂使者，让他回来后说廉颇的坏话。赵国使臣见到廉颇之后，廉颇当他的面一顿饭吃了一斗米、十斤肉，又披上铁甲上马，表示自己还可以被任用。赵国使者回去向赵王报告说："廉将军虽然已老，饭量还很不错，可是陪我坐着时，一会儿就拉了三次屎。"赵王认为廉颇老了，就不再把他召回了。后用"廉颇善饭"典故形容老将雄风犹在。南宋词人辛弃疾的《永遇乐·京口北固亭怀古》一词中写道："舞榭歌台，风流总被，雨打风吹去……凭谁问，廉颇老矣，尚能饭否？"

9. "采薇"的典故

典故出于《史记·伯夷列传》：伯夷、叔齐，孤竹君之二子也。父欲立叔齐，及父卒，叔齐让伯夷。伯夷曰："父命也。"遂逃去。叔齐亦不肯立而逃之。国人立其中子。于是伯夷、叔齐闻西伯昌善养老，盍往归焉。及至，西伯卒，武王载木主，号为文王，东伐纣。伯夷、叔齐叩马而谏曰："父死不葬，爰及干戈，可谓孝乎？以臣弑君，可谓仁乎？"左右欲兵之。太公曰："此义人也。"扶而去之。武王已平殷乱，天下宗周，而伯夷、叔齐耻之，义不食周粟，隐于首阳山，采薇而食之。及饿且死，作歌。其辞曰："登彼西山兮，采其薇矣。以暴易暴兮，不知其非矣。神农、虞、夏忽焉没兮，我安适归矣？于嗟徂兮，命之衰矣！"遂饿死于首阳山。

伯夷、叔齐是孤竹国君的两个儿子。父亲想将王位禅让给叔齐，等到父亲死后，叔齐要让位给伯夷。伯夷不肯接受："这是父亲的遗命啊。"于是逃走了。叔齐也不肯即位就逃走了。国人只好拥立孤竹君的次子为王。这时候，伯夷、叔齐听说西伯姬昌擅长让老人得到充分的照顾，想要去归附他。等到达的时候，西伯已经死了，武王车载着灵牌，说是奉了文王的遗命，东去讨伐商纣。伯夷、叔齐便勒住武王的马缰谏诤说："父亲死了不安葬，却要发动军队打仗，能说是孝子吗？做臣子的要去弑杀国君，能说是仁者吗？"武王左右的人想要杀掉他们。太公说："这是有气节的人。"于是把他们搀扶离开。等到武王平定殷纣的暴乱以后，天下都归附周朝了，而伯夷、叔齐却以做周的臣民为耻，为了坚守节义，便不吃周的米粮，隐居在首阳山，采些山菜来充饥。等到饿得将死的时候，作了一首歌，歌词说："登上那个西山啊，去采些薇菜。以暴臣取代暴君啊，还不知道自己的错误哩！神农、虞、夏的时代已很快地过去了，叫我到哪里去好呢？唉！我将死了，命运真是衰薄啊！"于是饿死在首阳山上。后遂用"首阳采薇"等喻人坚守气节。

10. "穷途之哭" 的典故

典故出于《晋书·阮籍列传》：籍嫂尝归宁，籍相见与别。或讥之，籍曰："礼岂为我设邪！"邻家少妇有美色，当垆沽酒。籍尝诣饮，醉，便卧其侧。籍既不自嫌，其夫察之，亦不疑也。兵家女有才色，未嫁而死。籍不识其父兄，径往哭之，尽哀而还。其外坦荡而内淳至，皆此类也。时率意独驾，不由径路，车迹所穷，辄恸哭而反。尝登广武，观楚、汉战处，叹曰："时无英雄，使竖子成名！"登武牢山，望京邑而叹，于是赋《豪杰诗》。景元四年冬卒，时年五十四。

阮籍的大嫂有一次回娘家探亲，阮籍和她见面送别。有人讥笑他。阮籍说："礼法难道是为我设的吗?"邻居少妇长得漂亮,在店铺卖酒。阮籍常常到少妇那喝酒。醉了就躺在少妇身边。阮籍不觉得有什么要避嫌的,少妇的丈夫看见了也不怀疑什么。有户军人的女儿有才华也漂亮,没出嫁就去世了。阮籍不认识她父亲、兄长,却径直前去吊唁。哭够了才回家。他外表坦荡,品性真诚,所作所为都是这个样子。有时自己驾车,想去哪就去哪,不走正路,车没法走了,便痛哭返回。曾经登上广武,望楚汉争战的地方,叹息说:"当时没有英雄,让小子成名了。"登武牢山,望着京城叹息,于是作《豪杰诗》。景元四年冬天阮籍去世,时年54岁。

阮籍不拘礼俗,行不由径。"穷途之哭"本指他因车无路可行而痛哭,也形容因身处困境而悲哀。亦简称"穷途哭""途穷"。

11. "庄周梦蝶"的典故

典故出于《庄子·齐物论》:昔者庄周梦为胡蝶,栩栩然胡蝶也,自喻适志与! 不知周也。俄然觉,则蘧蘧然周也。不知周之梦为胡蝶与,胡蝶之梦为周与? 周与胡蝶,则必有分矣。此之谓物化。

过去庄周梦见自己变成蝴蝶,生动逼真,感到多么愉快和惬意啊! 不知道自己原本就是庄周。突然间醒过来,惊惶不定之间方知原来自己是庄周。不知是庄周梦中变成蝴蝶呢,还是蝴蝶梦中变成庄周呢? 庄周与蝴蝶那必定是有区别的。这就可叫做物、我的交合与变化。

　　庄子梦中幻化为栩栩如生的蝴蝶，忘记了自己原来是人，醒来后才发觉自己仍然是庄子。究竟是庄子梦中变为蝴蝶，还是蝴蝶梦中变为庄子，实在难以分辨。庄周梦蝶是战国时期道家学派主要代表人物庄子所提出的一个哲学命题。在其中，庄子运用浪漫的想象力和美妙的文笔，通过对梦中变化为蝴蝶和梦醒后蝴蝶复化为己的事件的描述与探讨，提出了人不可能确切地区分真实与虚幻和生死物化的观点。虽然故事极其短小，但由于其渗透了庄子诗化哲学的精义，成为庄子诗化哲学的代表。也由于它包含了浪漫的思想情感和丰富的人生哲学思考，引发后世众多文人骚客的共鸣，成为他们经常吟咏的题目，而最著名的莫过于李商隐所言"庄生晓梦迷蝴蝶，望帝春心托杜鹃"。后以"庄周梦蝶"比喻虚幻的事物或人生变幻无常。

12."游刃有余"的典故

　　典故出于《庄子·养生主》：今臣之刀十九年矣，所解数千牛矣，而刀刃若新发于硎。彼节者有间而刀刃者无厚，以无厚入有间，恢恢乎其于游刃必有馀地矣。

　　从前，文惠君有一个厨师，他的名字叫庖丁，以宰牛的技术很高明而闻名。有一天，文惠君去看他解牛，他技术十分娴熟，进刀之迅速，出刀之利落，都让文惠君看了以后极为赞叹。梁惠王问他为何如此神奇，他说："我的技术高超，不只是因为熟练，而是由于掌握了其中的规律，摸清了牛的骨骼结构，所以，我这把刀虽然用了 19 年，解剖的牛已有几千头，可是刀口还是像新磨过的一样锋利。因为牛的骨节之间是有间隙的，而刀刃是磨得很薄的，用很薄的刀刃来分解有间隙的骨节，当然是宽绰而有余地的了。"

游刃有余比喻技术熟练，经验丰富，解决问题毫不费力。庄子的思想是顺其自然的道家思路，游刃有余四字更是得其精要，不着急，不慌乱，以己之"无厚"入彼之"有间"，自然就看似行云流水，熟练无比。

13. "三径"的典故

典故出于东汉赵岐《三辅决录·逃名》：蒋诩归乡里，荆棘塞门，舍中有三径，不出，唯求仲、羊仲从之游。

三径亦作"三迳"。意为归隐者的家园或是院子里的小路。陶潜《归去来辞》："三径就荒，松竹犹存。"后因以"三径"指归隐者的家园。

14. "子陵台"的典故

典故出于《后汉书·逸民列传》：严光字子陵，一名遵，会稽余姚人也。少有高名，与光武同游学。及光武即位，乃变名姓，隐身不见。帝思其贤，乃令以物色访之。后齐国上言："有一男子，披羊裘钓泽中。"帝疑其光，乃备安车玄纁，遣使聘之。三反而后至。舍于北军，给床褥，太官朝夕进膳……除为谏议大夫，不屈，乃耕于富春山，后人名其钓处为严陵濑焉。

建武十七年，复特征，不至。年八十，终于家。帝伤惜之，诏下郡县赐钱百万、谷千斛。

严光，字子陵，又名遵，会稽余姚人。年少时就有名声，与光武帝一同游历学习。等到光武做了皇帝，严光就改名换姓，隐居不出来。皇帝想念他的才能，就派人拿着图像去寻找。后来齐国有人报告：有一个男子，身披羊裘在泽中钓鱼。帝怀疑是严光，就备了安车和玄黑色绸子，派人去请他。请了三次才出来。让他住在军营里，铺好床褥，由太官早晚送饭……光武帝拜严光作谏议大夫，严光不做，于是在富春山种田。后人把严光钓鱼的地方叫做严陵濑。建武十七年，又特地派人去请严光，仍不肯出来。严光活到80岁，死在家里。皇帝为他感到悲伤遗憾，下诏让郡县赐钱百万、谷千斛。后世人称富春山为"严陵山"，又称其富春江垂钓处为"严陵濑"，其垂钓蹲坐之石为"严子陵钓台"。后来北宋政治家范仲淹重修桐庐富春江畔严先生祠堂，并撰写《严先生祠堂记》，内有"云山苍苍，江水泱泱。先生之风，山高水长"的赞语，遂使严光以高风亮节闻名于天下。

15. "李广难封"的典故

典故出于《史记·李将军列传》：至莫府，广谓其麾下曰："广结发与匈奴大小七十余战，今幸从大将军出接单于兵，而大将军又徙广部行回远，而又迷失道，岂非天哉！且广年六十余矣，终不能复对刀笔之吏。"遂引刀自刭。广军士大夫一军皆哭。

李广是一位英勇善战、智勇双全的英雄。他一生与匈奴战，斗七十余次，常常以少胜多，险中取胜，以致匈奴人闻名丧胆，称之为"飞将军""避之数岁"。李广又是一位最能体恤士卒的将领。他治军简易，对士兵从不苛刻，尤其是他与士卒同甘共苦的作风，深得将士们的敬佩。正是由于李广这种战斗中身先士卒，生活中先人后己的品格，使士兵都甘愿在他麾下，"咸乐为之死"。然而，这位战功卓著、倍受士卒爱戴的名将，却一生坎坷，终身未得封爵。司马迁这样评价李广——《传》曰："其身正，不令其行；其身不正，虽令不从。其李将军之谓也。余睹李将军悛悛如鄙人，口不能道辞，及死之日，天下知与不知，皆为尽哀。彼其忠实心诚信于士大夫也。谚曰：'桃李不言，下自成蹊。'此言虽小，可以谕大也。"

千百年来，李广成为怀才不遇的典型，而王维更是以一句"卫青不败由天幸，李广无功缘数奇"作为这场两千年前的封侯之争的结论，后因以"李广难封"慨叹功高不爵，命运乖舛。

16."梁甫吟"的典故

"梁甫吟"的典故出于宋郭茂倩《乐府诗集·卷四十一》：步出齐城门，遥望荡阴里。里中有三墓，累累正相似。问是谁家墓，田疆古冶子。力能排南山，文能绝地纪。一朝被谗言，二桃杀三士。谁能为此谋，国相齐晏子。

此诗为乐府古辞，属《相和歌·楚调曲》，一作《泰山梁甫吟》。"甫"亦作"父"。郭茂倩《乐府诗集》解题云:"按梁甫,山名,在泰山下。《梁甫吟》,盖言人死葬此山,亦葬歌也。"这首古辞从写坟开始,保留了葬歌痕迹,但从内容看,与葬歌毫不相干,而是一首咏史诗,所咏为齐景公用国相晏婴之谋,以二桃杀三士的故事。故朱乾《乐府正义》解释说:"(此诗)哀时也,无罪而杀士,君子伤之,如闻《黄鸟》之哀吟。"后以为葬歌。指出它首先是"哀时"之作,成为"葬歌"是后来的事。

据《晏子春秋·谏下篇》记载:春秋时齐国勇士田开疆、古冶子、公孙接同事齐景公,各有殊功。一次国相晏婴"过而趋之,三子者不起",这使晏婴甚为难堪,便在景公面前进谗,说三人"上无君臣之义,下无长率之伦",乃"危国之器",应该除掉。景公以为然,便由晏婴设计,以二桃赐三人,让他们自己表功争桃。公孙接、田开疆先自报功劳,各取一桃,最后古冶子说:"我的功劳比你们都大,桃子该给我吃。"说罢抽剑而起。公孙接、田开疆听了都感到羞愧,认为自己功小争桃,是贪,争得不对又不死,是无勇。于是二人退还桃子,自杀而死。古冶子见自己动武争桃而使二人羞愧以死,也自责不仁不义,接着自杀了。历史上臣子因功高震主而被杀的事例极多,而此诗之所以以《梁甫吟》为题,特别选定二桃杀三士之事进行歌咏,是通过对死者的伤悼,谴责谗言害贤的阴谋。

17. "高山流水"的典故

典故出于《列子·汤问》:"伯牙善鼓琴,钟子期善听。伯牙鼓琴，志在登高山。钟子期曰：'善哉！峨峨分若泰山！'志在流水，钟子期曰：'善哉！洋洋分若江河！'伯牙所念，钟子期必得之。伯牙游于泰山之阴，卒逢暴雨，止于岩下，心悲，乃援琴而鼓之。初为《霖雨之操》，更造《崩山之音》，曲每奏，钟子期辄穷其趣。伯牙乃舍琴而叹曰：'善哉！善哉！子之听夫！志想象犹吾心也。吾于何逃声哉？'"

伯牙是一位有名的琴师，他的琴术很高明，钟子期则善于欣赏音乐。伯牙弹琴的时候，想着高山。钟子期高兴地说："弹得真好啊！我仿佛看见了一座巍峨的大山！"伯牙又想着流水，钟子期又说："弹得真好啊！我仿佛看到了汪洋的江海！"伯牙每次想到什么，钟子期都能从琴声中领会到伯牙所想。有一次，他们两人一起去泰山的北面游玩，游兴正浓的时候，突然天空下起了暴雨，于是他们来到一块大岩石下面避雨，伯牙心里突然感到很悲伤，于是就拿出随身携带的琴弹起来。开始弹连绵细雨的声音，后来又弹大山崩裂的声音。每次弹的时候，钟子期都能听出琴声中所表达的含义。伯牙于是放下琴感叹地说："好啊，好啊，你能想象出我弹琴时所想的意境，我的琴声无论如何也逃不掉你的听力！"

"高山流水"比喻知音相赏或知音难遇，也比喻乐曲高妙。后世分为《高山》《流水》二曲；在人们的用典实践中，这一典故逐渐发展出乐曲高妙、相知可贵、痛失知音、闲适情趣等典义。

第三节 语言出典

1. "仰钻"的典故

典故出于《论语·子罕篇》：颜渊喟然叹曰："仰之弥高，钻之弥坚，瞻之在前，忽焉在后。夫子循循然善诱人，博我以文，约我以礼，欲罢不能。既竭吾才，如有所立卓尔。虽欲从之，末由也已。"

颜渊喟然叹道："孔夫子的道理，越仰望越显得高远，越钻研它越显得坚固，看它好像在前面，忽然间又像在后面。夫子循着次序一步步诱导我；先教我博学文章典籍，然后要我以礼约束自己的行为。我想停止不学了也不可能，已经用尽我的才力，而夫子的道依然卓立在我的面前，我想再追从上去，但总感到无路可追从上去。""仰之弥高，钻之弥坚"原形容颜渊对于孔子之道的赞叹，后指努力攻读，深入研究，力求达到极高水平。

2. "尺素"的典故

典故出于汉乐府《饮马长城窟行》：青青河畔草，绵绵思远道。远道不可思，宿昔梦见之。梦见在我傍，忽觉在他乡。他乡各异县，展转不可见。枯桑知天风，海水知天寒。入门各自媚，谁肯相为言。客从远方来，遗我双鲤鱼。呼儿烹鲤鱼，中有尺素书。长跪读素书，书中竟何如？上有加餐食，下有长相忆。

后来"尺素"就用作书信的代称。如秦观《踏莎行》:"驿寄梅花,鱼传尺素,砌成此恨无重数。郴江幸自绕郴山,为谁流下潇湘去?"古代书信别名还有尺牍、尺素、尺翰、尺简、尺纸、尺书;雁足、雁帛、雁书、鸿雁。《汉书》记载苏武故事,言苏武被拘匈奴,牧羊于北海,后来汉朝廷要求匈奴放归苏武,匈奴谎称武已死。汉使则谓单于,汉皇在上林苑中,得北来雁,雁足上系着帛书,说苏武等在某泽中,单于只得放苏武归汉;鸾笺——宋时蜀地善制十色彩笺,笺上隐然有花木麟鸾图案八行书——旧时竖式信笺,多用红线划分八行;鲤鱼——汉乐府诗《饮马长城窟行》:"客从远方来,遗我双鲤鱼,呼儿烹鲤鱼,中有尺素书。"以鲤鱼代称书信有几种说法,有"双鱼""双鲤""鱼书"等。而且古代人还常常把书信结成鲤鱼形状;书简——书简原指盛书信的邮筒,古代书信写好后常找一个竹筒或木筒装好再捎寄。后来书简也成了书信的代称。

3. "南浦"的典故

典故出于屈原《楚辞·九歌》:子交手兮东行,送美人兮南浦。

王逸注:"愿河伯送己南至江之涯。""南浦"指南面的水滨,古人常在南浦送别亲友,后来常用来指称送别地。南朝梁江淹《别赋》:"春草碧色,春水渌波,送君南浦,伤如之何。"唐朝白居易《南浦别》:"南浦凄凄别,西风袅袅秋。"唐朝李贺

《黄头郎》诗："黄头郎，捞拢去不归。南浦芙蓉影，愁红独自垂。"清朝曹寅《登署楼适培山至用东坡真州诗韵同赋》："西风晴十日，南浦别经年。"

4. "见背"的典故

典故出于李密《陈情表》：生孩六月，父母见背。

见背，谓父母或长辈去世；明朝夏完淳《狱中上母书》："痛自严君见背，两易春秋。"清朝吴敬梓《儒林外史》：范进方才说道："先母见背，遵制丁忧"。

5. "否极泰来"的典故

典故出于《周易·否》：否之匪人，不利君子贞，大往小来。象曰：天地不交，否。《周易·泰》：泰，小往大来，吉亨。象曰：天地交，泰。

"泰"就是顺利；"否"就是失利。意思是事物发展到了极点，就会发生变化，转化到这个事物的对立面。逆境达到极点，就会向顺境转化，坏运到了头好运就来了。后以"泰否"指世道盛衰与人事吉凶。

6. "望洋兴叹"的典故

典故出于《庄子·秋水》：秋水时至，百川灌河。泾流之大，两涘渚崖之间，不辨牛马。于是焉，河伯欣然自喜，以天下之美为尽在己。顺流而东行，至于北海，东面而视，不见水端。

于是焉，河伯始旋其面目，望洋向若而叹曰："野语有之曰：'闻道百，以为莫己若者'，我之谓也。"

秋天按时到来，千百条河川都奔注入黄河，大水一直浩瀚地流去，遥望两岸洲渚崖石之间，辨不清牛马的外形。于是乎，河伯便欣然自喜，以为天下所有的美景全都在自己这里了。他顺着水流向东走，到了北海。他向东遥望，看不见水流的尽头。于是，河伯才改变了他的神态，茫然地抬头对北海若（北海之神）感慨地说："俗语说：'自以为知道很多道理，没人能赶上自己了。'这正是说我呀。"

"望洋兴叹"字面意思是为因伟大事物抬头叹息，引申义为形容在伟大的事物面前感叹自己的渺小。现多比喻做事时因力不胜任或没有条件而感到无可奈何。

7. "贻笑大方"的典故

典故出于《庄子·秋水》：且夫我尝闻少仲尼之闻而轻伯夷之义者，始吾弗信。今我睹子之难穷也，吾非至于子之门则殆矣，吾长见笑于大方之家。

我还曾经听说过有人贬低仲尼的学识，轻视伯夷的节义，开始我不相信。现在我看到你的浩瀚无穷，如果我不到你的面前，那是多么危险，我将会永远被有见识的人讥笑了。

贻笑：让人笑话；大方：原指懂得大道理的人，后泛指见识广博或有专长的人。贻笑大方指让内行人笑话。

第四节　课本主要典故中的人物

程门立雪——杨时；纸上谈兵——赵括；马革裹尸——马援；卧薪尝胆——勾践；乐不思蜀——刘禅；负荆请罪——廉颇；目不窥园——董仲舒；凿壁偷光——匡衡；悬梁刺股——苏秦、孙敬；投笔从戎——班超；指鹿为马——赵高；胸有成竹——文与可；韦编三绝——孔子；囊萤映雪——车胤、孙康；闻鸡起舞——祖逖；梁上君子——陈寔；披荆斩棘——冯异；开诚布公——诸葛亮；死有余辜——路温舒；四面楚歌——项羽；完璧归赵——蔺相如；三顾茅庐——刘备；精忠报国——岳飞；铁面无私——包拯；铁杵成针——李白；水滴石穿——枚乘；奋不顾身——司马迁；胆大心细——孙思邈；赴汤蹈火——韩嵩；毛遂自荐——毛遂；高风亮节——陶渊明；挺身而出——唐景思；宠辱不惊——卢承庆；忍辱负重——陆逊；背水一战——韩信；滥竽充数——南郭先生；草木皆兵——苻坚；起死回生——扁鹊；破釜沉舟——项羽；严于律己——陈亮；手不释卷——吕蒙；粉身碎骨——霍小玉；任劳任怨——石显；志大才疏——孔融；九死不悔——屈原；专横跋扈——梁冀；旁若无人——荆轲。

第七章　先秦诸子百家中的中华典故

　　"先秦诸子"中的"先秦"特指东周即春秋战国时期，我国主要的学术思想都起源于这个时期。"百家"一般指儒家、道家、墨家、名家、法家、兵家、纵横家等学术流派。据《汉书·艺文志》记载，有名的共有一百八十九家，四千三百二十四篇著作，后来约有十家发展成了学派。"诸子百家"是后世对先秦学术思想人物和派别的总称。先秦诸子百家的学说在中国思想史上占有崇高地位，后世思想学派莫不渊源于此，诸子著作是了解中国古代社会政治、经济、文化的宝贵资料，其中也为我们的汉语留下了众多的典故，现在选取其中主要的几家来说说其中著名的典故。

第一节　《论语》中的典故

　　《论语》是中国春秋时期一部语录体散文集，由孔子弟子及再传弟子编纂而成。主要记录孔子及其弟子的言行，较为集中地反映了孔子的思想，是儒家学派的经典著作之一。全书共二十篇、四百九十二章，首创"语录体"。《论语》的内容博大精深，语言经典，留下了大量的事典和语典。

1. "不亦乐乎"的典故

典故出于《论语·学而篇》：子曰："学而时习之，不亦说乎？有朋自远方来，不亦乐乎？人不知而不愠，不亦君子乎？"

孔子说："学了又时常温习，不是很愉快吗？有志同道合的人从远方来，不是很令人高兴的吗？人家不了解我，我也不怨恨、恼怒，不也是一个有德的君子吗？"

"不亦乐乎"后来表示事态发展已到极度，兼有淋漓尽致之意。

2. "犯上作乱"的典故

典故出于《论语·学而篇》：有子曰："其为人也孝弟，而好犯上者，鲜矣；不好犯上而好作乱者，未之有也。君子务本，本立而道生。孝弟也者，其为仁之本与！"

有子说："孝顺父母，顺从兄长，而喜好触犯上级，这样的人是很少见的。不喜好触犯上级，而喜好造反的人是没有的。君子专心致力于根本的事务，根本建立了，治国做人的原则也就有了。孝顺父母、顺从兄长，这就是仁的根本啊！"

"犯上作乱"后指冒犯或违抗尊长、君上，悖逆后叛乱的行为。

3."三省吾身"的典故

典故出于《论语·学而篇》：曾子曰："吾日三省吾身：为人谋而不忠乎？与朋友交而不信乎？传不习乎？"

曾子说："我每天多次反省自己：为别人办事是不是尽心竭力了呢？同朋友交往是不是做到诚实可信了呢？老师传授给我的学业是不是复习了呢？"

"三省吾身"后泛指认真反省自己的过失，常常用于表示自警自律。

4."知命"的典故

典故出于《论语·为政篇》：子曰："吾十有五而志于学，三十而立，四十而不惑，五十而知天命，六十而耳顺，七十而从心所欲，不逾矩。"

孔子说："我十五岁立志于学习；三十岁能够自立；四十岁能不被外界事物所迷惑；五十岁懂得了天命；六十岁能正确对待各种言论，不觉得不顺；七十岁能随心所欲而不越出规矩。"

"知命"后代称50岁，知命之年也是指50岁。

5."见义勇为"的典故

典故出于《论语·为政篇》：子曰："非其鬼而祭之，谄也；见义不为，无勇也。"

孔子说："不是你应该祭的鬼神，你却去祭它，这就是谄媚。见到应该挺身而出的事情，却袖手旁观，就是怯懦。"

　　"见义勇为"后指看到正义的事便勇敢地去做，又有见义必为、见义敢为。

6. "敏行"的典故

　　典故出于《论语·里仁篇》：子曰："君子欲讷于言而敏于行。"

　　孔子说："君子说话要谨慎，而行动要敏捷。"

　　"敏行"后指勉力修身。

7. "朽木不可雕"的典故

　　典故出于《论语·公冶长篇》：宰予昼寝，子曰："朽木不可雕也，粪土之墙不可杇也，于予与何诛？"子曰："始吾于人也，听其言而信其行；今吾于人也，听其言而观其行。于予与改是。"

　　宰予白天睡觉。孔子说："腐朽的木头无法雕刻，粪土垒的墙壁无法粉刷。对于宰予这个人，责备还有什么用呢？"孔子说："起初我对于人，是听了他说的话便相信了他的行为；现在我对于人，听了他讲的话还要观察他的行为。在宰予这里我改变了观察人的方法。"

　　"朽木不可雕"后指无用之才，不堪造就。

8. "闻一知十"的典故

　　典故出于《论语·公冶长篇》：子谓子贡曰："女与回也孰

愈?"对曰:"赐也何敢望回? 回也闻一以知十,赐也闻一以知二。"子曰:"弗如也,吾与女弗如也!"

孔子对子贡说:"你和颜回两个相比,谁更好一些呢?"子贡回答说:"我怎么敢和颜回相比呢? 颜回他听到一件事就可以推知十件事;我呢,知道一件事,只能推知两件事。"孔子说:"是不如他呀,我和你一样,都不如他。"

"闻一知十"后指聪明而善于类推。又有"闻一知二"的表述。

9. "骍角"的典故

典故出于《论语·雍也篇》:子谓仲弓曰:"犁牛之子骍且角,虽欲勿用,山川其舍诸?

孔子在评论仲弓的时候说:"耕牛产下的牛犊长着红色的毛,角也长得整齐端正,人们虽不想用它做祭品,但山川之神会舍弃它吗?"

"骍角"后表示后辈峻拔远胜于前辈。

10. "敏求"的典故

典故出于《论语·述而篇》:子曰:"我非生而知之者,好古,敏以求之者也。"

孔子说:"我不是生来就有知识的人,而是爱好古代的东西,勤奋敏捷求得知识的人。"

"敏求"后指勉力以求。

11. "举一反三"的典故

典故出于《论语·述而篇》：子曰："不愤不启，不悱不发，举一隅不以三隅反，则不复也。"

孔子说："教导学生，不到他想弄明白而不得的时候，不去开导他；不到他想出来却说不出来的时候，不去启发他。教给他一个方面的东西，他却不能由此而推知其他三个方面的东西，那就不再教他了。"

"举一反三"表示触类旁通的意思，还有"举隅""一举三反""一隅三反""隅反"的表述。

12. "闻韶忘味"的典故

典故出于《论语·述而篇》：子在齐闻《韶》，三月不知肉味，曰："不图为乐之至于斯也。"

孔子在齐国听到了《韶》乐，有很长时间尝不出肉的滋味，他说："想不到《韶》乐的美达到了这样迷人的地步。"

"闻韶忘味"形容音乐高妙，令人忘情。又有"三月不知肉味""三月忘味""适齐忘味""听咸韶""忘味""忘味三月""闻韶忘肉"等表述。

13. "求仁得仁"的典故

典故出于《论语·述而篇》：冉有曰："夫子为卫君乎？"子贡曰："诺，吾将问之。"入，曰："伯夷、叔齐何人也？"曰："古之贤人也。"曰："怨乎？"曰："求仁而得仁，又何怨？"出，曰："夫子不为也。"

冉有（问子贡）说："老师会帮助卫国的国君吗?"子贡说："嗯，我去问他。"于是就进去问孔子："伯夷、叔齐是什么样的人呢?"（孔子）说："古代的贤人。"（子贡又）问："他们有怨恨吗?"（孔子）说："他们求仁而得到了仁，为什么又怨恨呢?"（子贡）出来（对冉有）说："老师不会帮助卫君。"

"求仁得仁"后指如愿以偿。

14. "坦荡"的典故

典故出于《论语·述而篇》：子曰："君子坦荡荡，小人长戚戚。"

孔子说："君子心胸宽广，小人经常忧愁。"

"坦荡"后指胸襟开阔，心地纯洁。

15. "三让"的典故

典故出于《论语·泰伯篇》：子曰："泰伯，其可谓至德也已矣。三以天下让，民无得而称焉。"

孔子说："泰伯可以说是品德最高尚的人了，几次把王位让给季历，老百姓都找不到合适的词句来称赞他。"

"三让"后指盛德。

16. "六尺之孤"的典故

典故出于《论语·泰伯篇》：曾子曰："可以托六尺之孤，可以寄百里之命，临大节而不可夺也。君子人与？君子人也。"

曾子说："可以把年幼的孤儿托付给他，可以把国家的政权托付给他，面临生死存亡的紧急关头而不动摇屈服。这样的人是君子吗？是君子啊！"

"六尺之孤"后指未成年的孤儿，多指年幼的皇位继承人。又有"六尺之托"的表述。

17. "秀而不实"的典故

典故出于《论语·子罕篇》：子曰："苗而不秀者有矣夫，秀而不实者有矣夫。"

孔子说："庄稼出了苗而不能吐穗扬花的情况是有的；吐穗扬花而不结果实的情况也有。"

"秀而不实"的典故原来是孔子借来比喻颜回早死，后来指资质聪明而不幸早死，或才能出众而功业不就。

18. "近悦远来"的典故

典故出于《论语·子路篇》：叶公问政。子曰："近者说，远者来。"

叶公问孔子怎样管理政事。孔子说："使近处的人高兴，使远处的人来归附。"

"近悦远来"后指政治清明，远近归附，又有"悦远""悦来"等表述。

19. "行果"的典故

典故出于《论语·子路篇》：曰："言必信，行必果，硁硁然小人哉！抑亦可以为次矣。"

孔子说："说到一定做到，做事一定坚持到底，不问是非地固执己见，那是小人啊。但也可以说是再次一等的士了。"

"行果"原指行事果断，后用以指事功已就。

20. "攘羊"的典故

典故出于《论语·子路篇》：叶公语孔子曰："吾党有直躬者，其父攘羊，而子证之。"孔子曰："吾党之直者异于是。父为子隐，子为父隐，直在其中矣。"

叶公告诉孔子说："我的家乡有个正直的人，他的父亲偷了人家的羊，他告发了父亲。"孔子说："我家乡的正直的人和你讲的不一样：父亲为儿子隐瞒，儿子为父亲隐瞒。正直就在其中了。"

"攘羊"指出亲人的过错。又有"攘羊告罪""证父""证羊""证羊攘父"的表述。

21. "文子同升"的典故

典故出于《论语·宪问篇》：公叔文子之臣大夫僎与文子同升诸公，子闻之，曰："可以为'文'矣。"

公叔文子的家臣僎和文子一同做了卫国的大臣。孔子知道了这件事以后说："（他死后）可以给他'文'的谥号了。"

"文子同升"后指家臣奴仆和主人同居官职。

22. "困学"的典故

典故出于《论语·季氏篇》：孔子曰："生而知之者上也，学而知之者次也；困而学之，又其次也。困而不学，民斯为下矣。"

孔子说："生来就知道的人，是上等人；经过学习以后才知道的，是次一等的人；遇到困难再去学习的，是又次一等的人；遇到困难还不学习的人，这种人就是下等的人了。"

"困学"本指有所不通才学习，后用以指刻苦学习。

23. "来者可追"的典故

典故出于《论语·微子篇》：楚狂接舆歌而过孔子曰："凤兮凤兮，何德之衰？往者不可谏，来者犹可追。已而已而，今之从政者殆而！"

楚国的狂人接舆唱着歌从孔子的车旁走过，他唱道："凤凰啊，凤凰啊，你的德运怎么这么衰弱呢？过去的已经无可挽回，未来的还来得及改正。算了吧，算了吧。今天的执政者危乎其危！"

"来者可追"指以后的事上能补救。

24. "柳惠三黜"的典故

典故出于《论语·微子篇》：柳下惠为士师，三黜。人曰：

"子未可以去乎？"曰："直道而事人，焉往而不三黜？枉道而事人，何必去父母之邦？"

柳下惠当典狱官，三次被罢免。有人说："你不可以离开鲁国吗？"柳下惠说："按正道侍奉君主，到哪里不会被多次罢官呢？如果不按正道侍奉君主，为什么一定要离开本国呢？"

"柳惠三黜"后指因坚持直道而官场失意，屡遭挫折。又有"柳惠直言""柳下官""三黜""三黜柳"等表述。

25. "必世"的典故

典故出于《论语·子路篇》：子曰："如有王者，必世而后仁。"

孔子说："如果有王者兴起，也一定要 30 年才能实现仁政。"

"必世"后指 30 年。

26. "不知所措"的典故

典故出于《论语·子路篇》：子路曰："卫君待子而为政，子将奚先？"子曰："必也正名乎！"子路曰："有是哉，子之迂也！奚其正？"子曰："野哉由也！君子于其所不知，盖阙如也。名不正，则言不顺；言不顺，则事不成；事不成，则礼乐不兴；礼乐不兴，则刑罚不中；刑罚不中，则民无所错手足。故君子名之必可言也，言之必可行也。君子于其言，无所苟而已矣。"

子路（对孔子）说："卫国国君要您去治理国家，您打算先

从哪些事情做起呢?"孔子说:"首先必须正名分。"子路说:
"有这样做的吗? 您想得太不合时宜了。这名怎么正呢?"孔子
说:"仲由, 真粗野啊。君子对于他所不知道的事情, 总是采取
存疑的态度。名分不正, 说起话来就不顺当合理, 说话不顺当
合理, 事情就办不成。事情办不成, 礼乐也就不能兴盛。礼乐
不能兴盛, 刑罚的执行就不会得当。刑罚不得当, 百姓就不知
怎么办好。所以, 君子要定下一个名分, 必须能够说得明白,
说出来一定能够行得通。君子对于自己的言行, 是从不马马虎
虎对待的。"

"不知所措"后形容不知道该怎样办才好。

27. "箪瓢陋巷"的典故

典故出于《论语·雍也篇》:子曰:"贤哉回也! 一箪食, 一
瓢饮, 在陋巷, 人不堪其忧, 回也不改其乐。贤哉, 回也!"

孔子说:"颜回的品质是多么高尚啊! 一箪饭, 一瓢水, 住
在简陋的小巷里, 别人都忍受不了这种穷困清苦, 颜回却没有
改变他好学的乐趣。颜回的品质是多么高尚啊!"

"箪瓢陋巷"后指生活简朴、安贫乐道。又有"箪瓢""箪
瓢乐""箪瓢颜乐"等表述。

第二节　《孟子》中的典故

《孟子》是"四书"之一。战国中期孟子及其弟子万章、公

孙丑等著。为孟子、孟子弟子、再传弟子的记录。《汉书·艺文志》著录《孟子》11 篇，现存 7 篇 14 卷。总字数 35000 余字，二百八十六章。书中记载有孟子及其弟子的政治、教育、哲学、伦理等思想观点和政治活动。《孟子》一书也留下了大量的典故。

1. "肥甘轻暖" 的典故

典故出于《孟子·梁惠王上》：曰："王之所大欲可得闻与？"王笑而不言。曰："为肥甘不足于口与？轻暖不足于体与？抑为采色不足视于目与？声音不足听于耳与？便嬖不足使令于前与？王之诸臣皆足以供之，而王岂为是哉？"曰："否。吾不为是也。"曰："然则王之所大欲可知已。欲辟土地，朝秦、楚，莅中国而抚四夷也。以若所为求若所欲，犹缘木而求鱼也。"王曰："若是其甚与？"曰："殆有甚焉。缘木求鱼，虽不得鱼，无后灾。以若所为，求若所欲，尽心力而为之，后必有灾。"曰："可得闻与？"曰："邹人与楚人战，则王以为孰胜？"曰："楚人胜。"曰："然则小固不可以敌大，寡固不可以敌众，弱固不可以敌强。海内之地方千里者九，齐集有其一。以一服八，何以异于邹敌楚哉？盖亦反其本矣。今王发政施仁，使天下仕者皆欲立于王之朝，耕者皆欲耕于王之野，商贾皆欲藏于王之市，行旅皆欲出于王之涂，天下之欲疾其君者皆欲赴愬于王。其若是，孰能御之？"

孟子说："大王的最大愿望是什么呢？可以讲给我听听吗？"

齐宣王笑了笑，却不说话。孟子便说："是为了肥美的食物不够吃吗？是为了轻暖的衣服不够穿吗？还是为了艳丽的色彩不够看呢？是为了美妙的音乐不够听吗？还是为了身边伺候的人不够使唤呢？这些，您手下的大臣都能够尽量给您提供，难道您还真是为了这些吗？"宣王说："不，我不是为了这些。"孟子说："那么，您的最大愿望便可以知道了，您是想要扩张国土，使秦、楚这些大国都来朝贡您，自己君临中国，安抚四方落后的民族。不过，以您现在的做法来实现您现在的愿望，就好像爬到树上去捉鱼一样。"宣王说："竟然有这样严重吗？"孟子说："恐怕比这还要严重呢。爬上树去捉鱼，虽然捉不到鱼，却也没有什么后患。以您现在的做法来实现您现在的愿望，费尽心力去干，一定会有灾祸在后头。"宣王说："可以把道理说给我听听吗？"孟子说："假定邹国和楚国打仗，大王认为哪一国会打胜呢？"宣王说："当然是楚国胜。"孟子说："显然，小国的确不可以与大国为敌，人口很少的国家的确不可以与人口众多的国家为敌，弱国的确不可以与强国为敌。中国的土地，方圆千里的共有 9 块，齐国不过占有其中一块罢了。想用这一块去征服其他块，这跟邹国和楚国打仗有什么区别呢？大王为什么不回过来好好想一想，从根本上着手呢？现在大王如果能施行仁政，使天下做官的人都想到您的朝廷上来做官，天下的农民都想到您的国家来种地，天下做生意的人都想到您的国家来做生意，天下旅行的人都想到您的国家来旅行，天下痛恨本国国君的人都想到您这儿来控诉。果真做到了这些，还有谁能够与您为敌呢?"

"肥甘轻暖"后指生活优裕。

2."齐王舍牛"的典故

典故出于《孟子·梁惠王上》:曰:"臣闻之胡龁曰,王坐于堂上,有牵牛而过堂下者,王见之,曰:'牛何之?'对曰:'将以衅钟。'王曰:'舍之!吾不忍其觳觫,若无罪而就死地。'对曰:'然则废衅钟与?'曰:'何可废也?以羊易之!'不识有诸?"曰:"有之。"曰:"是心足以王矣。百姓皆以王为爱也,臣固知王之不忍也。"王曰:"然。诚有百姓者。齐国虽褊小,吾何爱一牛?即不忍其觳觫,若无罪而就死地,故以羊易之也。"曰:"王无异于百姓之以王为爱也。以小易大,彼恶知之?王若隐其无罪而就死地,则牛羊何择焉?"王笑曰:"是诚何心哉?我非爱其财而易之以羊也,宜乎百姓之谓我爱也。

孟子说:"我曾经听胡龁告诉过我一件事,说是大王您有一天坐在大殿上有人牵着牛从殿下走过,您看到了,便问:'把牛牵到哪里去?'牵牛的人回答:'准备杀了取血祭钟'。您便说:'放了它吧!我不忍心看到它那害怕得发抖的样子,就像毫无罪过却被处死刑一样。'牵牛的人问:'那就不祭钟了吗?'您说:'怎么可以不祭钟呢?用羊来代替牛吧!'……不知道有没有这件事?"宣王说:"是有这件事。"孟子说:"凭大王您有这样的仁心就可以统一天下了。老百姓听说这件事后都认为您是吝啬,我却知道您不是吝啬,而是因为不忍心。"宣王说:"是,确实有的老百姓这样认为。不过，我们齐国虽然不大，但我怎么会吝啬到舍不得一头牛的程度呢？我实在是不忍心看到它害怕得发抖的样子，就像毫无罪过却被判处死刑一样，所以用羊来代替它。"孟子说："大王也不要责怪老百姓认为您吝啬。他们只看到您用小的羊去代替大的牛，哪里知道其中的深意呢？何况，大王如果可怜它毫无罪过却被宰杀，那牛和羊又有什么区别呢？"宣王笑着说："是啊，这一点连我自己也不知道到底是一种什么心理了。我的确不是吝啬钱财才用羊去代替牛的，不过，老百姓这样认为，的确也有他们的道理啊。"

"齐王舍牛"比喻帝王对臣民怀有恻隐之心。

3. "出尔反尔"的典故

典故出于《孟子·梁惠王下》：邹与鲁哄。穆公问曰："吾有司死者三十三人，而民莫之死也。诛之，则不可胜诛；不诛，则疾视其长上之死而不救，如之何则可也？"孟子对曰："凶年饥岁，君之民老弱转乎沟壑，壮者散而之四方者，几千人矣，而君之仓廪实，府库充，有司莫以告，是上慢而残下也。曾子曰：'戒之戒之！出乎尔者，反乎尔者也。'夫民今而后得反之也。君无尤焉。君行仁政，斯民亲其上、死其长矣。"

邹国与鲁国交战。邹穆公对孟子说："我的官吏死了三十三个，百姓却没有一个为他们而牺牲的。杀他们吧，杀不了那么多；不杀他们吧，又实在恨他们眼睁睁地看着长官被杀而不去营救。到底怎么办才好呢？"孟子回答说："灾荒年岁，您的老百姓，年老体弱的弃尸于山沟，年轻力壮的四处逃荒，差不多有上千人吧；而您的粮仓里堆满粮食，库房里装满财宝，官吏们却从来不向您报告老百姓的情况，这是他们不关心老百姓并且还残害老百姓的表现。曾子说：'小心啊，小心啊！你怎样对待别人，别人也会怎样对待你。'现在就是老百姓报复他们的时候了。您不要归罪于老百姓吧！只要您施行仁政，老百姓自然就会亲近他们的领导人，肯为他们的长官而牺牲了。"

"出尔反尔"表示你如何对待人，人亦如何对待你。

4."箪食壶浆"的典故

典故出于《孟子·梁惠王下》：齐人伐燕，取之。诸侯将谋救燕。宣王曰："诸侯多谋伐寡人者，何以待之？"孟子对曰："臣闻七十里为政于天下者，汤是也。未闻以千里畏人者也。书曰：'汤一征，自葛始。'天下信之。'东面而征，西夷怨；南面而征，北狄怨。曰：奚为后我？'民望之，若大旱之望云霓也。归市者不止，耕者不变。诛其君而吊其民，若时雨降，民大悦。书曰：'徯我后，后来其苏。'今燕虐其民，王往而征之。民以为将拯己于水火之中也，箪食壶浆，以迎王师。若杀其父兄，系累其子弟，毁其宗庙，迁其重器，如之何其可也？天下固畏齐之强也。今又倍地而不行仁政，是动天下之兵也。王速出令，反其旄倪，止其重器，谋于燕众，置君而后去之，则犹可及止也。"

齐国人攻打燕国，占领了它。一些诸侯国在谋划着要来救助燕国。齐宣王说："不少诸侯在谋划着要来攻打我，该怎么办呢？"孟子回答说："我听说过，有凭借着方圆七十里的国土就统一天下的，商汤就是。却没有听说过拥有方圆千里的国土而害怕别国的。《尚书》说：'商汤征伐，从葛国开始。'天下人都相信了。所以，当他向东方进军时，西边国家的老百姓便抱怨；当他向南方进军时，北边国家的老百姓便抱怨。都说：'为什么把我们放到后面呢？'老百姓盼望他，就像久旱盼乌云和虹霓一样。这是因为汤的征伐一点也不惊扰百姓，做生意的照常做生意，种地的照常种地。诛杀那些暴虐的国君抚慰那些受害的老百姓，就像天上下了及时雨一样，老百姓非常高兴。《尚书》说：'等待我们的王，他来了，我们也就复活了！'如今，燕国的国君虐待老百姓，大王您的军队去征伐他，燕国的老百姓以为您是要把他们从水深火热中拯救出来，所以用饭筐装着饭，用酒壶盛着酒浆来欢迎您的军队。可您却杀死他们的父兄，抓走他们的子弟，毁坏他们的宗庙，抢走他们宝器，这怎么能够使他们容忍呢？天下各国本来就害怕齐国强大，现在齐国的土地又扩大了一倍，而且还不施行仁政，这就必然会激起天下各国兴兵。大王您赶快发出命令，放回燕国老老小小的俘虏，停止搬运燕国的宝器，再和燕国的各界人士商议，为他们选立一位国君，然后从燕国撤回齐国的军队。这样做，还可以来得及制止各国兴兵。"

"箪食壶浆"后成为犒师拥军的典故。又有"箪食""食箪壶浆"的表述。

5. "乔木"的典故

典故出于《孟子·梁惠王下》：孟子见齐宣王曰："所谓故国者，非谓有乔木之谓也，有世臣之谓也。王无亲臣矣，昔者所进，今日不知其亡也。"

孟子拜见齐宣王，说："我们平时所说一个国家历史悠久，并不是指那个国家有高大的树木，而是指有世代建立功勋的大臣。可大王您现在却没有亲信的大臣了，过去所任用的一些人，现在也不知到哪里去了。"

"乔木"形容故国或故里。

6. "氓廛"的典故

典故出于《孟子·滕文公上》：有为神农之言者许行，自楚之滕，踵门而告文公曰："远方之人闻君行仁政，愿受一廛而为氓。"文公与之处，其徒数十人，皆衣褐，捆屦、织席以为食。

有一个奉行神农氏学说，名叫许行的人，从楚国到滕国觐见滕文公说："我这个从远方来的人听说您施行仁政，希望得到一所住处，成为您的百姓。"

"氓廛"后指民家住房。

7. "取诸宫中"的典故

典故出于《孟子·滕文公上》：以粟易械器者，不为厉陶冶；陶冶亦以其械器易粟者，岂为厉农夫哉？且许子何不为陶冶。舍皆取诸其宫中而用之？何为纷纷然与百工交易？何许子之不惮烦？

　　孟子于是说："农夫用粮食换取锅、瓶和农具，不能说是损害了瓦匠铁匠。那么，瓦匠和铁匠用锅、瓶和农具换取粮食，难道就能够说是损害了农夫吗？而且，许先生为什么不自己烧窑冶铁做成锅、甑和各种农具，什么东西都放在家里随时取用呢？为什么要一件一件地去和各种工匠交换呢？为什么许先生这样不怕麻烦呢？"

　　"取诸宫中"后指取用于自己家中，言其便利。

8. "取长补短"的典故

　　典故出于《孟子·滕文公上》：滕文公为世子，将之楚，过宋而见孟子。孟子道性善，言必称尧、舜。世子自楚反，复见孟子。孟子曰："世子疑吾言乎？夫道一而已矣。成覵谓齐景公曰：'彼丈夫也，我丈夫也，吾何畏彼哉？'颜渊曰：'舜何人也？予何人也？有为者亦若是。'公明仪曰：'文王我师也，周公岂欺我哉？'今滕，绝长补短，将五十里也，犹可以为善国。书曰：'若药不瞑眩，厥疾不瘳。'"

　　滕文公还是太子的时候，要到楚国去，经过宋国时拜访了孟子。孟子给他讲善良是人的本性的道理，话题不离尧舜。太子从楚国回来，又来拜访孟子。孟子说："太子不相信我的话吗？道理都是一致的啊。成覵对齐景公说：'他是一个男子汉，我也是一个男子汉，我为什么怕他呢？'颜渊说：'舜是什么人，我是什么人，有作为的人都会像他那样。'公明仪说：'文王是我的老师，周公难道会欺骗我吗？'现在的滕国，假如把疆土截长补短也有将近方圆五十里吧，还可以治理成一个好国家。《尚书》说：'如果药不能使人头昏眼花，那病是不会痊愈的。'"

"取长补短"形容吸取长处弥补短处。

9.　"额泚"的典故

典故出于《孟子·滕文公上》：孟子曰："夫夷子，信以为人之亲其兄之子为若亲其邻之赤子乎？彼有取尔也。赤子匍匐将入井，非赤子之罪也。且天之生物也，使之一本，而夷子二本故也。盖上世尝有不葬其亲者。其亲死，则举而委之于壑。他日过之，狐狸食之，蝇蚋姑嘬之。其颡有泚，睨而不视。夫泚也，非为人泚，中心达于面目。盖归反虆梩而掩之。掩之诚是也，则孝子仁人之掩其亲，亦必有道矣。"徐子以告夷子。夷子怃然为间曰："命之矣。"

孟子说："这个夷子真的认为人们爱护他哥哥的孩子和爱护邻居的孩子一样吗？那是有取舍的。婴儿在地上爬着将要跌进井里，这不是婴儿的罪过。况且天生万物，每物只有一个根本，而夷子却认为有两个根本。大概上古时候曾经有不安葬自己父母的人，他的父母死了，就把尸体扛起来丢到山沟里。后来路过那里，看见狐狸在撕食尸体，苍蝇蚊子也聚来叮咬。他的额头上就冒出了汗，斜着眼而不敢正视。这个汗呀，不是留给别人看的，是内心真情表现在脸上的结果，于是这人就返去拿筐和铁锹来掩埋尸体。掩埋尸体确实是对的，那么孝子和仁爱的人埋葬自己的亲人，也必然是有道理的。"徐辟把这些话告别了夷子。夷子怅然若失，停了一会才说："命运就是这样啊。"

"颡泚"表示心中惭愧、惶恐。

10. "春秋笔法"的典故

典故出于《孟子·滕文公下》：世衰道微，邪说暴行有作，臣弑其君者有之，子弑其父者有之。孔子惧，作春秋。春秋，天子之事也，是故孔子曰："知我者其惟春秋乎！罪我者其惟春秋乎！"

现在正道衰微，淫邪的学说和暴虐的行为随之兴起，臣子杀君主的事有了，儿子杀父亲的事也有了。孔子为之忧虑，便著述了《春秋》。《春秋》所记载的是天子的事，所以孔子说："将使世人了解我的恐怕也只有《春秋》了，将使世人责怪我的恐怕也只有《春秋》了。"

"春秋笔法"后指曲折而义含褒贬的文字。又有"春秋笔""春秋""笔削"的表述。

11. "攘鸡"的典故

典故出于《孟子·滕文公下》：戴盈之曰："什一，去关市之征，今兹未能。请轻之，以待来年，然后已，何如？"孟子曰："今有人日攘其邻之鸡者，或告之曰：'是非君子之道。'曰：'请损之，月攘一鸡，以待来年，然后已。'如知其非义，斯速已矣，何待来年。"

戴盈之说:"田租十分取一,取消关卡市场的税收,现今还不能办到。请先减轻,等到明年再办,怎么样?"孟子说:"现在有一个人每天都偷他邻居的鸡,有人告诫说:'这不是君子之道。'他却说:'请让我少偷一些,每月偷一只,等到明年再完全改正。'如果知道这样做不对,就应该赶快改正,为什么要等到明年呢?"

"攘鸡"指未能及时改正错误。

12."求艾"的典故

典故出于《孟子·离娄上》:今之欲王者,犹七年之病求三年之艾也。苟为不畜,终身不得。苟不志于仁,终身忧辱,以陷于死亡。诗云"其何能淑,载胥及溺",此之谓也。

当前一些希望统一天下的人,就好像生了七年的病,企图用三年的陈艾来医治一样。假如不积蓄民心,一辈子也得不到天下。如果不立志于仁爱,就会一辈子忧患受辱,以至陷入死亡的境地。《诗经》上说:"怎么能做得好呢?不过一起落水灭亡罢了。"说的正是这个道理。

"求艾"后指求医问药。

13."己溺己饥"的典故

典故出于《孟子·离娄下》:孟子曰:"禹、稷、颜回同道。禹思天下有溺者,由己溺之也;稷思天下有饥者,由己饥之也,是以如是其急也。禹、稷、颜子易地则皆然。今有同室之人斗

者，救之，虽被发缨冠而救之，可也。乡邻有斗者，被发缨冠
而往救之，则惑也，虽闭户可也。"

孟子说："禹、后稷、颜渊走的是同样的人生道路。大禹想
到天下有遭水淹没的人，就像自己也被水淹了一样。后稷想到
天下有挨饿的人，就像自己也挨饿一样。所以才那样急人之急。
大禹、后稷、颜渊，如果互相交换一下位置处境，也都会有同
样的表现。现在自家人互相打斗，要去救他们，即使是披头散
发、帽缨紊乱去救急是可以做到的。但如果乡间邻居打斗，也
是披头散发、帽缨紊乱去救急，那就难以理解了，如果是关门
闭户则是可以理解的。"

"己溺己饥"后指视人民疾苦责在于己，因而以解除人民疾
苦为己任。又有"己饥己溺""饥溺"的表述。

14. "简骧"的典故

典故出于《孟子·离娄下》：公行子有子之丧，右师往吊，
入门，有进而与右师言者，有就右师之位而与右师言者。孟子
不与右师言，右师不悦曰："诸君子皆与骧言，孟子独不与骧
言，是简骧也。"孟子闻之，曰："礼，朝廷不历位而相与言，
不逾阶而相揖也。我欲行礼，子敖以我为简，不亦异乎？"

齐国大夫公行子的儿子死了，右师王骧前去吊丧，进了门，
有上前与王骧交谈的，也有到王骧座位旁跟他说话的，独有孟
子不和王骧说话，右师王骧很不高兴，说："各位大人都与我打
招呼，孟子偏偏不与我说话，是怠慢于我。"孟子听到这话，

说："按行为规范的规定，在朝廷上不能越过自己的位子互相交谈，也不隔着台阶作揖。我想按规范行事，右师认为我怠慢他，不是太奇怪了么？"

"简骜"后指依理行事而被人误解为傲慢无礼。

15."起墦"的典故

典故出于《孟子·离娄下》：齐人有一妻一妾而处室者，其良人出，则必餍酒肉而后反。其妻问所与饮食者，则尽富贵也。其妻告其妾曰："良人出，则必餍酒肉而后反；问其与饮食者，尽富贵也，而未尝有显者来，吾将瞷良人之所之也。"蚤起，施从良人之所之，遍国中无与立谈者。卒之东郭墦间，之祭者，乞其余；不足，又顾而之他，此其为餍足之道也。其妻归，告其妾曰："良人者，所仰望而终身也。今若此。"与其妾讪其良人，而相泣于中庭。而良人未之知也，施施从外来，骄其妻妾。由君子观之，则人之所以求富贵利达者，其妻妾不羞也，而不相泣者，几希矣。

齐国有一个人家中有一妻一妾，她们的丈夫外出，一定是酒足饭饱才回来。他妻子问他跟谁在一起吃喝，他说全是富贵人物。他的妻子告诉妾说："丈夫每次外出，都是酒足饭饱才回家，问他跟谁吃喝，他说全是富贵人物，但家里从来没有显赫的人来过，我要去偷看丈夫所去的地方。"次日清早起床，她偷偷地跟着丈夫到他所到的地方，全城的人没有一个站立着跟她丈夫交谈的。后来到了东郊的坟场里，丈夫便走到祭扫坟墓者那里乞讨剩下的酒肉；不够饱，又四处张望转向别家乞讨。这就是他酒足饭饱的办法。他妻子回来后，告诉妾，说："所谓的丈夫，是我们仰望为终身的依靠，如今竟然是这样！"妻子与妾一起讥讪丈夫，并在庭院中相对哭泣，而她们的丈夫还不知道，逶迤斜行着从外面回来，在妻妾面前夸耀。在君子看来，人们用来追求富贵腾达的方法，让其妻妾不感到羞耻，不在庭院中相对哭泣的，真是太少了。

"起墦"后指乞求施舍。

16. "取资"的典故

典故出于《孟子·离娄下》：孟子曰："君子深造之以道，欲其自得之也。自得之，则居之安；居之安，则资之深；资之深，则取之左右逢其原，故君子欲其自得之也。"

孟子说："君子用道深造，是想使自己有所得。自己得到了，才能处之安然；处之安然，才能积累深度；积累深度，才能左右逢源，取之不尽；所以君子想要自己得到道理。"

"取资"后指得到凭借、助益。

17. "齐东野语"的典故

典故出于《孟子·万章上》：咸丘蒙问曰："语云：'盛德之士，君不得而臣，父不得而子。'舜南面而立，尧帅诸侯北面而朝之，瞽瞍亦北面而朝之。舜见瞽瞍，其容有蹙。孔子曰：'于斯时也，天下殆哉，岌岌乎！'不识此语诚然乎哉？"孟子曰："否。此非君子之言，齐东野人之语也。尧老而舜摄也。尧典曰：'二十有八载，放勋乃徂落，百姓如丧考妣，三年，四海遏密八音。'孔子曰：'天无二日，民无二王。'舜既为天子矣，又帅天下诸侯以为尧三年丧，是二天子矣。"

咸丘蒙问："古语说：'修养最高的人，君主不能以他为臣，父亲不能以他为子。'舜南面而立当了天子，尧带领诸侯向北面朝见他，瞽瞍也向北面朝见他。舜见到瞽瞍，神情局促不安。孔子说：'这个时候，天下危险得很啊！'不知道这话确实如此吗？"孟子说："不，这不是君子所说的，是齐国东郊老百姓的话。是尧上了岁数而叫舜代理天子的。《尧典》上说：'舜代理了28年，尧才去世，人们像死了父母一样服丧三年，民间停止了一切音乐。'孔子说：'天上没有两个太阳，人民没有两个天子。'舜既然在此前已经当了天子，又带领天下诸侯为尧服丧三年，就是有两位天子了。"

"齐东野语"后指道听途说、不足为凭的说法。

18. "清圣"的典故

典故出于《孟子·万章下》："孟子曰：'伯夷，圣之清者也；伊尹，圣之任者也；柳下惠，圣之和者也；孔子，圣之时者也。孔子之谓集大成。集大成也者，金声而玉振之也。金声也者，始条理也；玉振之也者，终条理也。始条理者，智之事也；终条理者，圣之事也。智，譬则巧也；圣，譬则力也。由射于百步之外也，其至，尔力也；其中，非尔力也。'"

孟子说："伯夷这个人，是圣贤中清高的人；伊尹这个人，是圣贤中有责任感的人；柳下惠这个人，是圣贤中能和同于人的人；孔子这个人，是圣贤中能够因时而变的人。孔子可说是集大成的人。所谓集大成者，就好比演奏音乐时敲击金钟而玉磬也有振动一样。所谓的金声，是节奏旋律的开始；所谓玉振，是节奏旋律的终结。所谓节奏旋律的开始，是智的体现；所谓节奏旋律的终结，是圣的体现。所谓智，就好比技能；所谓圣，就好比力量。这就像射箭于百步之外，箭能到达，是你的力量；箭能射中，就不是你的力量了。"

"清圣"后指清明圣贤的人。

19. "去鲁迟迟"的典故

典故出于《孟子·万章下》：孔子之去齐，接淅而行；去鲁，曰："迟迟吾行也。"去父母国之道也。可以速而速，可以久而久，可以处而处，可以仕而仕，孔子也。

孔子离开齐国，不等把米淘好沥干就走了；离开鲁国时，说："我们慢慢地走吧，这是离开父母之国的道理。"可以快速就快速，可以延缓就延缓，可以隐居就隐居，可以出仕任职就出仕任职，这就是孔子的行为方式。

"去鲁迟迟"指留恋乡土。

20. "杯水车薪"的典故

典故出于《孟子·告子上》：孟子曰："仁之胜不仁也，犹水胜火。今之为仁者，犹以一杯水救一车薪之火也；不熄，则谓之水不胜火，此又与于不仁之甚者也，亦终必亡而已矣。"

孟子说："人与人之间相互亲爱胜于人与人之间相互不亲爱，就好比是水能胜过火。如今能做到人与人相互亲爱的，就好比是用一杯水去救一车着火的柴禾；火扑不灭，就说是水不能胜过火，这等于那些不能与人相互亲爱的人一样，最终也会失去与人相互亲爱的爱心的。"

"杯水车薪"后比喻力量微小，无济于事，又有杯水舆薪的表述。

21. "旦气"的典故

典故出于《孟子·告子上》：其日夜之所息，平旦之气，其好恶与人相近也者几希，则其旦昼之所为，有梏亡之矣。梏之反复，则其夜气不足以存；夜气不足以存，则其违禽兽不远矣。

尽管他们日夜息养善心，接触清晨的清明之气，他们的爱憎也与一般人有相近之处，但是他们第二天的所作所为，因为有束缚而受遏制消亡了。束缚多次反复消亡，就使夜里息养的善心不能存留下来；夜里息养的善心不能存留下来，便跟禽兽相距不远了。

"旦气"后指朝气。

22. "曾经沧海"的典故

典故出于《孟子·尽心上》：孟子曰："孔子登东山而小鲁，登泰山而小天下。故观于海者难为水，游于圣人之门者难为言。

观水有术，必观其澜。日月有明，容光必照焉。流水之为物也，不盈科不行；君子之志于道也，不成章不达。"

孟子说："孔子登上东山就觉得鲁国小了，登上泰山就觉得天下小了，所以观看过大海的人难以赞叹一般的水，在圣人门下学过的人难以被一般言论所吸引。观看水有方法，一定要看它壮阔的波澜。日月有无比的光辉，小缝隙也能照射进去。流水的本性，不充满水坑就不会流走。君子之所以有志于人生的正道，不到一定的阶段就不会通达。"

"曾经沧海"后指见过大世面，眼界开阔，经验丰富。

23. "春风化雨"的典故

典故出于《孟子·尽心上》：孟子曰："君子之所以教者五：有如时雨化之者，有成德者，有达财者，有答问者，有私淑艾者。此五者，君子之所以教也。"

孟子说："君子教育人的方法有五种：有像及时雨那样让人变化的，有成全其德行的，有使人成才的，有解答疑难问题的，有私下以学识风范感化他人使之成为私淑弟子的。这五种，都是君子所以教育人的方法。"

"春风化雨"形容教育的普及与深入。又有"化雨"比喻循循善诱、潜移默化的教育。

24. "进锐退速"的典故

典故出于《孟子·尽心上》：孟子曰："于不可已而已者，无所不已；于所厚者薄，无所不薄也。其进锐者，其退速。"

孟子说："在不该停止的地方停了下来，这人在任何地方都会停滞不前。在应该下大力气的地方不下力气，这人在任何地方都不会下大力气。如果前进得太快，他后退得也会很快。"

"进锐退速"后指急于求进者往往后退很快。

25. "孟乐"的典故

典故出于《孟子·尽心上》：孟子曰："君子有三乐，而王天下不与存焉。父母俱存，兄弟无故，一乐也。仰不愧于天，俯不怍于人，二乐也。得天下英才而教育之，三乐也。君子有三乐，而王天下不与存焉。"

孟子说："君子有三种快乐，但称王天下不在这当中。父母亲都在，兄弟姐妹都平安，这是一种快乐；上不惭愧于天，下不惭愧于人，这是第二种快乐；得到天下的优秀人才并教育他们，这是第三种快乐。君子有这三种快乐，但称王天下不在这当中。"

"孟乐"后称人生的主要快乐。

26. "茅塞"的典故

典故出于《孟子·尽心下》：孟子谓高子曰："山径之蹊间，介然用之而成路。为间不用，则茅塞之矣。今茅塞子之心矣。"

孟子告诉高子说："山上的小路是断断续续踩踏出来的，有了独特的用途也就成了道路。如果断断续续不用，就会被茅草堵塞。如今茅草已经堵塞了你的心路。"

"茅塞"形容思路闭塞或思想愚昧。

27. "舍己芸人"的典故

典故出于《孟子·尽心下》：孟子曰："言近而指远者，善言也；守约而施博者，善道也。君子之言也，不下带而道存焉。君子之守，修其身而天下平。人病舍其田而芸人之田，所求于人者重，而所以自任者轻。"

孟子说："言语浅近而意义深刻的，是善言；操守简要而影响广大的，是善道。君子所说的话，没有束缚而人生的道路就在其中；君子的操守，修养自身而能使天下太平。人的毛病是舍弃自己的田而去耕耘别人的田，所要求别人的很重，而自己担负的却很轻。"

"舍己芸人"指看重别人，轻视自己。

第三节 《庄子》中的典故

《庄子》又名《南华经》，是道家经典，是战国早期庄子及其后学所著，到了唐代以后，便尊之为《南华经》，且封庄子为南华真人。其书与《老子》《周易》合称"三玄"。《庄子》一书主要反映了庄子的哲学、艺术、美学思想与人生观。庄子的文章，想象奇幻，构思巧妙，具有多彩的思想世界和文学意境，文笔汪洋恣肆，具有浪漫主义的艺术风格，瑰丽诡谲，意出尘外，乃先秦诸子文章的典范之作。庄子之语看似夸言万里，想象漫无边际，然皆有根基。鲁迅先生说："其文则汪洋辟阖，仪态万方，晚周诸子之作，莫能先也。"被誉为"钳揵九流，括囊百氏"。庄子最早提出的"内圣外王"思想对儒家影响深远；庄子洞悉易理，深刻指出"《易》以道阴阳"；庄子"三籁"思想与《易经》三才之道相合。《庄子·山木》篇最早提出了"天与人一也"之天人合一命题。《庄子》与《易经》《黄帝四经》《老子》《论语》，共为中华民族的几部源头性经典，它们不仅是道德跟文化的重要载体，而且是古代圣哲修身明德、体道悟道、天人合一后的智慧结晶。《庄子》一书产生了大量的典故。

1."瞠乎其后"的典故

典故出于《庄子·田子方》：颜渊问于仲尼曰："夫子步亦步，夫子趋亦趋，夫子驰亦驰，夫子奔逸绝尘，而回瞠若乎后矣！"夫子曰："回，何谓邪？"曰："夫子步亦步也，夫子言亦言也；夫子趋亦趋也，夫子辩亦辩也；夫子驰亦驰也，夫子言道，回亦言道也；及奔逸绝尘而回瞠若乎后者，夫子不言而信，不比而周，无器而民滔乎前，而不知所以然而已矣。"

颜渊对孔子说："夫子走，我跟着走，夫子快步走，我也快步走，夫子骑马绝尘而去，我就只能在后边干瞪眼了！"孔子说："颜回，你这是什么意思呢？"颜回说："你走，我跟着走；你快步走，我跟着快步走；你演说，我跟着演说；你骑马，我跟着骑马；你传道，我跟着传道。你若快马加鞭，绝尘而去，我就干瞪眼，跟不上你了，你不必多费唇舌就能受到别人的信任，不必一一亲善就能留下普遍的好感，不必掌握实权就能取得众人的拥戴，而我呢，不晓得该怎样才做得到。"

"瞠乎其后"后指干瞪着眼落在后面赶不上。

2. "舂粮"的典故

典故出于《庄子·逍遥游》：蜩与学鸠笑之曰："我决起而飞，枪榆枋，时则不至而控于地而已矣，奚以之九万里而南为？"适莽苍者，三餐而反，腹犹果然；适百里者，宿舂粮；适千里者，三月聚粮。之二虫又何知！

林间一蝉一鸠同声嘲笑说："我们想飞便飞，飞到榆树去，飞到檀树去。若是树远了，一时飞不到，落地歇一歇，然后再飞就是。为何要升到九万里而向南飞呢？"郊原尽处，莽莽苍苍，小鸟飞去觅食，三顿饭解决了，飞回窠来，肚子还胀鼓鼓的呢。人若去百里外，就得预备干粮，以免挨饿。军旅若远征千里外，就得辎载三个月的口粮，以免受困。这两只小鸟又知道什么呢？

"舂粮"作为百里的代指。

3. "剑头一吷"的典故

典故出于《庄子·则阳》：惠子曰："夫吹莞也，犹有嗃也；吹剑首者，吷而已矣。尧、舜，人之所誉也。道尧、舜于戴晋人之前，譬犹一吷也。"

惠施说："不论好听不好听，竹管总能吹出音响。吹刀环嘛，嘘，如此而已。世俗推崇尧舜。引尧舜来比较戴晋人，就只有'嘘'的一声了。"

"剑头一映"后指微小，无足轻重。

4."芥舟"的典故

典故出于《庄子·逍遥游》：且夫水之积也不厚，则其负大舟也无力。覆杯水于坳堂之上，则芥为之舟。置杯焉则胶，水浅而舟大也。风之积也不厚，则其负大翼也无力。故九万里则风斯在下矣，而后乃今培风。

水浅了，浮不起大船。倒一杯水在厅堂的凹地只能用小草叶做船。放杯子在凹水里，必然触底，不能漂浮，因为水浅船大，同样的道理，风薄了也浮不起大鸟，必须升到九万里的高空，风才够厚，足以承受鹏的体重。

"芥舟"后比喻小船。

5."浸假"的典故

典故出于《庄子·大宗师》：子祀曰："女恶之乎?"曰："亡，予何恶！浸假而化予之左臂以为鸡，予因以求时夜；浸假而化予之右臂以为弹，予因以求鸮炙；浸假而化予之尻以为轮，以神为马，予因以乘之，岂更驾哉！且夫得者，时也；失者，顺也。安时而处顺，哀乐不能入也，此古之所谓县解也，而不能自解者，物有结之。且夫物不胜天久矣，吾又何恶焉！"

子祀问："你恨吗?"说:"没事。从何恨起呢。我不过是造物主的一件作品而已。假令造物者逐渐把我左臂变成雄鸡,我就恭听啼鸣报晓,岂不方便;把我右臂变成弹丸,我就挽弓打猫头鹰,那是补品;把我臀部变成车轮,把我灵魂变成马匹,我就有专车乘坐,还不必雇车夫。什么是得? 得就是属于我的时间来了。什么是失? 失就是属于我的时间去了。要来的终究要来,我心安气定地等待。要去的终究要去,我心平气和地顺从。我以这种态度面对得失生死,什么欢乐悲哀都攻不入我的精神堡垒。古人说的倒悬之苦自己解脱,就是这个意思。自身悬挂在半空中,喊别人来救命,枉自挣扎。他不晓得那是外物捆紧了自己的内心,还得自己解脱。自己不解,到死不脱。谁也扭不过造物主,自有人类以来便是这样的了。我又从何恨起。"

"浸假"后指逐渐之意。

6. "井蛙"的典故

典故出于《庄子·秋水》:北海若曰:"井蛙不可以语于海者,拘于虚也;夏虫不可以语于冰者,笃于时也;曲士不可以语于道者,束于教也。今尔出于崖涘,观于大海,乃知尔丑,尔将可与语大理矣。"

海若说:"谈海勿找井底之蛙,他被环境禁闭了,不相信有海。谈冰勿找夏虫,他被季节隔离了,不相信有冰。谈道勿找乡曲之士,他被教养束缚了,不相信有道。这回你摆脱了八千里河岸的束缚，参观大海，终于明白自己可怜，现在可以同你谈谈大道理了。"

"井蛙"后指见闻狭隘、目光短浅的人。

7. "鈌云剑"的典故

典故出于《庄子·说剑》：此剑直之无前，举之无上，案之无下，运之无旁。上决浮云，下绝地纪。此剑一用，匡诸侯，天下服矣。此天子之剑也。

天子剑，捅向前，刺穿铜墙铁壁；举起来，遥遥伸到天外；戳下去，深深触及地心；砍八方，空空无物阻挡；往上挑，挑破云团雾幛；往下劈，劈断山根地脉。天子剑落在谁手中，轻轻一挥，各国诸侯听话，天下统一。这就是天子的剑。

"鈌云剑"后比喻匡合天下的本领。

8. "开口笑"的典故

典故出于《庄子·盗跖》：人上寿百岁，中寿八十，下寿六十，除病瘦死丧忧患，其中开口而笑者，一月之中不过四五日而已矣。

人充其量活百岁，这是高寿，活八十中寿，活六十低寿。人生几十年，算算吧，除了疫病瘠痨、吊丧送死、忧心愁肠、遇祸落难，每个月有几天开口笑呢？至多四五天而已。

"开口笑"后指难得的欢乐心情。

9."口珠"的典故

典故出于《庄子·外物》：儒以《诗》、《礼》发冢，大儒胪传曰："东方作矣，事之何若?"小儒曰："未解裙襦，口中有珠。"

儒家做任何事，哪怕是犯法盗墓吧，都须念念不忘地诵《诗经》讲《仪礼》，力求做得文明。大儒在上说："天要亮了，事情怎么样了?"小儒答道："衣裙还未解开，死者嘴里还有珠宝呢!"

"口珠"后指诗词佳句。

10."劳生"的典故

典故出于《庄子·大宗师》：夫大块载我以形，劳我以生，佚我以老，息我以死。故善吾生者，乃所以善吾死也。

大地母亲啊，你赐的躯体乘载我，你赐的生活劳苦我，你赐的衰老闲逸我，你赐的死亡安息我。你爱我，一直叫我好好活着，只是为了到时候送我好好死去呀。

"劳生"指辛劳的生活。

11."列子御风"的典故

典故出于《庄子·逍遥游》：夫列子御风而行，泠然善也，旬有五日而后反。彼于致福者，未数数然也。此虽免乎行，犹有所待者也。

那列子，修得风仙之术，乘风飞翔。列子每次乘风旅游，轻飘飘的十五天，然后回家。列子对于求福，从没急切过。列子不用两脚走路，也不用马用车用船，完全解决了行路的问题，但是，列子还要有所凭借。

"列子御风"指仙人乘风飞游。

12. "马蹄"的典故

典故出于《庄子·马蹄》：马，蹄可以践霜雪，毛可以御风寒。龁草饮水，翘足而陆，此马之真性也。虽有义台路寝，无所用之。及至伯乐，曰："我善治马。"烧之，剔之，刻之，雒之。连之以羁絷，编之以皁栈，马之死者十二三矣！饥之渴之，驰之骤之，整之齐之，前有橛饰之患，而后有鞭筴之威，而马之死者已过半矣！

马的蹄子可以踏霜雪，厚毛抗风御寒冷。适应辽阔荒凉的环境，渴了自寻甜泉喝，饿了自觅茂草啃。喜欢独立自在的生存，是马的天性。即使有高台大厦，对它也没什么用。一旦被相马权威伯乐看中，便是马最大的不幸。烙烧杂毛，理鬃剪鬣，修脚钉掌，火印打号，安笼头，衔嚼铁，系缰绳，十有二三之马死了。耐饥考验，饿毙一批，耐渴考验，又渴死一批。

"马蹄"为听其自然的典故。

13. "每下愈况"的典故

典故出于《庄子·知北游》：庄子曰："夫子之问也，固不及质。正获之问于监市履狶也，每下愈况。"

庄子说："你问个不停，问又问不到点子上。一个名叫获的管理市场的官员，估量猪的肥瘦，越接近猪脚越能显示它的肥瘦。"

"每下愈况"后指从低微的事物上推求，越能看出道德真实情况。

14. "蒙庄说剑"的典故

典故出于《庄子·说剑》：昔赵文王喜剑，剑士夹门而客三千余人，日夜相击于前，死伤者岁百余人，好之不厌。如是三年，国衰……庄子往劝之……曰：有天子剑，有诸侯剑，有庶人剑。"

赵文王从前爱好剑术，招纳剑客。登门投靠的剑客超过三千人，没日没夜的赛剑，死伤上百，而赵文王兴趣不减。三年下来，国库虚耗，国势衰颓。庄子去劝导说："我有三种剑，天子剑、诸侯剑、百姓剑"

"蒙庄说剑"后指谈文论武。

15. "蓬心"的典故

典故出于《庄子·逍遥游》：今子有五石之瓠，何不虑以为大樽而浮乎江湖，而忧其瓠落无所容？则夫子犹有蓬之心也夫！

你有大葫芦，容量 50 斗，为什么不镂空内瓤，做成大腰舟，去漂游江湖，倒去担忧大而无用？这样看来，你老先生的思路仍旧扭曲如蓬草，是这样吗？"

"蓬心"比喻识浅不达事理，也常用于自鄙浅陋。

16. "披绣之牺"的典故

典故出于《庄子·列御寇》：或聘于庄子，庄子应其使曰："子见夫牺牛乎？衣以文绣，食以刍叔。及其牵而入于大庙，虽欲为孤犊，其可得乎！"

某王派使臣来聘请庄子去某国做官。庄子回答说："你还见过那些用作祭祀的牛吗？祭祀前三个月从牧场选出来，披红挂彩，天天吃嫩草和豆子。时限一到，牵入宗庙，可怜可怜，想变一条没娘养的小牛，唉，都办不到啦！"

"披绣之牺"借指追求功名利禄而不能保全性命的人。

17. "贫无置锥"的典故

典故出于《庄子·盗跖》：尧、舜有天下，子孙无置锥之地。

尧舜拥有天下，而他们的子孙寸土俱无。

"贫无置锥"比喻赤贫。

18. "其应如响"的典故

典故出于《庄子·天下》：其动若水，其静若镜，其应若响。

动如流水，静如明镜，反应如回声。

"其应如响"指反应迅速如回声之相应和。

19. "骑箕尾"的典故

典故出于《庄子·大宗师》：傅说得之，以相武丁，奄有天下，乘东维、骑箕尾而比于列星。

泥匠傅说得了你，来辅佐武丁，掌管天下大政，死后乘着东维星，骑上箕宿尾宿，化成一颗明亮的星。

"骑箕尾"指重臣之死，含精神不死，魂魄升天的含义。

20. "窃钩者诛，窃国者侯"的典故

典故出于《庄子·胠箧》：彼窃钩者诛，窃国者为诸侯，诸侯之门而仁义存焉。

偷了腰带环扣，十字街上砍头；窃国者，金銮殿上封侯。诸侯坐在厅堂高谈仁义。

"窃钩者诛，窃国者侯"讽刺旧社会小盗被杀，大盗得国家的现象。

21. "清江使"的典故

典故出于《庄子·外物》：宋元君夜半而梦人被发窥阿门，曰："予自宰路之渊，予为清江使河伯之所，渔者余且得予。"元君觉，使人占之，曰："此神龟也。"

宋元君夜半梦见陌生人披头散发，探头瞧寝室门，哀求说："国王救救我。我家住在清河深潭，地名宰路，属齐国管。清河水神派我去见黄河水神，想不到在贵国所辖黄河段内被逮捕。捕手姓余名且，是个渔民。"宋元君惊醒，使人占卜，占卜的人说："是一只灵龟哟。"

"清江使"后指龟。

22. "求马唐肆"的典故

典故出于《庄子·田子方》：彼已尽矣，而女求之以为有，是求马于唐肆也。

这好比天晚了，骡马市场散了，马贩子走空了，你却跑去买马。

"求马唐肆"后比喻求非其所、劳而无功。

23. "商丘之木"的典故

典故出于《庄子·人间世》：南伯子綦游乎商之丘，见大木焉，有异，结驷千乘，隐将芘其所藾。子綦曰："此何木也哉！此必有异材夫！"仰而视其细枝，则拳曲而不可以为栋梁；俯而视其大根，则轴解而不可以为棺椁；咶其叶，则口烂而为伤；嗅之，则使人狂酲三日而不已。子綦曰："此果不材之木也，以至于此其大也。"

南郭子綦先生游览宋国的商丘，看见丘上一棵奇特的大树。树下凉荫广布，若躲炎阳，可停千车。子綦问："这是什么树哟？树材一定非常好吧？"游客摇头，都不晓得。子綦仰脸观察枝柯，全是扭曲的，不能做栋梁。低头又看崛起的根部，木纹绕旋如搓麻绳，而且木质疏松易脆，不能做棺，更不用说做家具了。舔舔树叶，口舌溃烂成伤；闻一闻，让人像酒醉一样三天不醒。子綦自吟自叹："坏木哟，你真不成材，你已做到无用处，才那么巨大。

"商丘之木"指徒大而无用之木。

24. "三尺喙"的典故

典故出于《庄子·徐无鬼》：仲尼之楚，楚王觞之。孙叔敖执爵而立，市南宜僚受酒而祭，曰："古之人乎！于此言已。"曰："丘也闻不言之言矣，未之尝言，于此乎言之：市南宜僚弄丸而两家之难解；孙叔敖甘寝秉羽而郢人投兵；丘愿有喙三尺。"

孔子出访楚国，国王敬酒满觞。孙叔敖捧三足酒器给孔子斟满，肃立在旁。家住市南的勇干熊宜僚举杯敬客，洒酒祭神，说："贵宾效古人，即席发议论。"孔子致词说："在下孔丘仰慕古人不议论的议论，所以迄今未尝议论，不过愿意借此机会说两句。熊宜僚，会抛球，化解两派对立的深仇。孙叔敖，睡大觉羽扇摇摇，楚国不敢侵扰。我愿有三尺嘴，空发议论？"

"三尺喙"比喻能言善辩。

第四节　《老子》中的典故

《老子》又称《道德真经》《道德经》《五千言》《老子五千文》，是中国古代先秦诸子百家中的一部著作，为其时诸子所共仰。在汉初汉景帝尊之为《道德经》，至唐代唐太宗曾令人将《道德经》翻译为梵文，唐高宗尊称《道德经》为《上经》，唐玄宗时更尊称此经为《道德真经》。《老子》一书也给我们带来了很多语典。

1."知雄守雌"的典故

典故出于《老子·二十八章》：知其雄，守其雌，为天下谿。为天下谿。常德不离，复归于婴儿。知其白，守其黑，为天下式。为天下式，常德不忒，复归于无极。知其荣，守其辱，为天下谷。为天下谷，常德乃足，复归于朴。朴散则为器，圣人用之，则为官长，故大制不割。

深知什么是雄强，却安守雌柔的地位，甘愿做天下的溪涧。甘愿作天下的溪涧，永恒的德行就不会离失，回复到婴儿般单纯的状态。深知什么是明亮，却安于暗昧的地位，甘愿做天下的模式。甘愿做天下的模式，永恒的德行不相差失，恢复到不可穷极的真理。深知什么是荣耀，却安守卑辱的地位，甘愿做天下的川谷。甘愿做天下的川谷，永恒的德行才得以充足，回复到自然本初的素朴纯真状态。朴素本初的东西经制作而成器物，有道的人沿用真朴，则为百官之长，所以完善的政治是不可分割的。

"知雄守雌"指韬晦自处的处世哲学。

2."倚伏"的典故

典故出于《老子·五十八章》：其政闷闷，其民淳淳；其政察察，其民缺缺。祸兮福之所倚，福兮祸之所伏。孰知其极？其无正？正复为奇，善复为妖。人之迷，其日固久。是以圣人方而不割，廉而不刿，直而不肆，光而不耀。

政治糊糊涂涂，人民就淳朴忠诚；政治清清楚楚，人民就狡黠。灾祸啊，幸福依傍着它；幸福啊，灾祸藏伏在它的里面。谁能知道究竟是灾祸呢还是幸福呢？它们并没有确定的标准。正忽然转变为邪的，善忽然转变为恶的，人们的迷惑本来就久了。因此，有道的圣人方正而不生硬，有棱角而不伤害人，直率而不放肆，光亮而不刺眼。

"倚伏"指福祸相因，互相依存，相互转化。

3."玄一"的典故

典故出于《老子·四十二章》：道生一，一生二，二生三，三生万物。万物负阴而抱阳，冲气以为和。人之所恶，唯孤、寡、不穀，而王公以为称。故物或损之而益，或益之而损。人之所教，我亦教之。强梁者不得其死，吾将以为教父。

道是独一无二的，道本身包含阴阳二气，阴阳二气相交而形成一种适匀的状态，万物在这种状态中产生。万物背阴而向阳，并且在阴阳二气的互相激荡中成新的和谐体。人们最厌恶的就是"孤""寡""不穀"，但王公却用这些字来称呼自己。所以一切事物，如果减损它却反而得到增加；如果增加它却反而得到减损。别人这样教导我，我也这样去教导别人。强暴的人死无其所。我把这句话当作施教的宗旨。

"玄一"后指道的本源。

4."虚怀若谷"的典故

典故出于《老子·十五章》：古之善为士者，微妙玄通，深不可识。夫唯不可识，故强为之容：豫兮若冬涉川；犹兮若畏四邻；俨兮其若客；涣兮其若冰之将释；敦兮其若朴；旷兮其若谷；混兮其若浊。孰能浊以静之徐清？孰能安以动之徐生？保此道者不欲盈。夫唯不盈，故能蔽而新成。

　　古时候善于行道的人，微妙通达，深刻玄远，不是一般人可以理解的。正因为不能了解他，所以只能勉强地这样形容：他小心谨慎啊，好像冬天踩着水过河；他警觉戒备啊，好像防备着邻国的进攻；他恭敬郑重啊，好像要去赴宴做客；他行动洒脱啊，好像冰块消融；他纯朴厚道啊，好像没有经过加工的原料；他旷远豁达啊，好像深幽的山谷；他浑厚宽容，好像不清的浊水。谁能使浑浊安静下来，慢慢澄清？谁能使安静变动起来，慢慢显出生机？保持这个"道"的人不会自满。正因为他从不自满，所以能够去故更新。

　　典故含义："虚怀若谷"形容心胸非常开阔。

5. "希声"的典故

　　典故出于《老子·四十一章》：上士闻道，勤而行之；中士闻道，若存若亡；下士闻道，大笑之。不笑不足以为道。故建言有之：明道若昧，进道若退，夷道若纇，上德若谷，大白若辱，广德若不足，建德若偷，质真若渝，大方无隅；大器晚成，大音希声，大象无形，道隐无名。夫唯道，善贷且成。

　　上士听了道的理论，努力去实行；中士听了道的理论，将信将疑；下士听了道的理论，哈哈大笑。不被嘲笑，那就不足以成其道。因此古时立言的人说过这样的话：光明的道好似暗昧；前进的道好似后退；平坦的道好似崎岖；崇高的德好似峡谷；最洁白的东西，反而含有污垢；广大的德好像不足；刚健的德好似怠惰；质朴而纯真好像混浊未开。最方正的东西，反而没有棱角；最难得的器物，总是最后制成；最大的声响，反而听来无声无息；最大的形象，反而没有形状。道幽隐而没有名称，无名无声。只有"道"，才能使万物善始善终。

典故含义："希声"后指清静无为之道。

6. "希微"的典故

典故出于《老子·十四章》：视之不见，名曰夷；听之不闻，名曰希；搏之不得，名曰微。此三者，不可致诘，故混而为一。其上不曒，其下不昧，绳绳不可名，复归于无物。是谓无状之状，无象之象，是谓惚恍。迎之不见其首，随之不见其后。执古之道，以御今之有。能知古始，是谓道纪。

看它看不见，把它叫做"夷"；听它听不到，把它叫做"希"；摸它摸不到，把它叫做"微"。这三者无从区分，它们原本就浑然而为一。它的上面既不显得光明亮堂，它的下面也不显得阴暗晦涩，无头无绪、延绵不绝却又不可称名，一切运动都又回复到无形无象的状态。这就是没有形状的形状，不见物体的形象，这就是"惚恍"。迎着它，看不见它的前头，跟着它，也看不见它的后头。把握着早已存在的"道"，来驾驭现实存在的具体事物。能认识、了解宇宙的初始，这就是认识"道"

的规律。

"希微"指空寂玄妙或虚无微茫。

7. "唯阿"的典故

典故出于《老子·二十章》：唯之与阿，相去几何？美之与恶，相去若何？人之所畏，不可不畏。荒兮，其未央哉！众人熙熙，如享太牢，如春登台。我独泊兮，其未兆；沌沌兮，如婴儿之未孩。儽儽兮，若无所归。众人皆有馀，而我独若遗。我愚人之心也哉，沌沌兮！俗人昭昭，我独昏昏。俗人察察，我独闷闷。淡兮，其若海，飂兮，若无止。众人皆有以，而我独顽似鄙。我独异于人，而贵食母。

应诺和呵斥，相距有多远？美好和丑恶，又相差多少？人们所畏惧的，不能不畏惧。这风气从远古以来就是如此，好像没有尽头的样子。众人都熙熙攘攘、兴高采烈，如同去参加盛大的宴席，如同春天里登台眺望美景。而我却独自淡泊宁静，无动于衷，混混沌沌啊，如同婴儿还不会发出嬉笑声。疲倦闲散啊，好像浪子还没有归宿。众人都有所剩余，而我却像什么也不足。我真是只有一颗愚人的心啊！众人光辉自炫，唯独我迷迷糊糊；众人都那么清清楚楚，唯独我这样浑浑噩噩。恍惚啊，像大海汹涌；恍惚啊，像漂泊无处停留。世人都精明灵巧有本领，唯独我愚昧而笨拙。我唯独与人不同的，关键在于得到了"道"。

"唯阿"比喻差别极小。

8. "师资"的典故

典故出于《老子·二十七章》：善行，无辙迹；善言，无瑕谪；善数，不用筹策；善闭，无关楗而不可开；善结，无绳约而不可解。是以圣人常善救人，故无弃人；常善救物，故无弃物。是谓袭明。故善人者，不善人之师；不善人者，善人之资。不贵其师，不爱其资，虽智大迷。是谓要妙。

善于行走的，不会留下辙迹；善于言谈的，不会发生病疵；善于计数的，用不着竹码子；善于关闭的，不用栓梢而使人不能打开；善于捆缚的，不用绳索而使人不能解开。因此，圣人经常挽救人，所以没有被遗弃的人；经常善于物尽其用，所以没有被废弃的物品。这就叫做内藏着的聪明智慧。所以善人可以作为恶人们的老师，不善人可以作为善人的借鉴。不尊重自己的老师，不爱惜他的借鉴作用，虽然自以为聪明，其实是大大的糊涂。这就是精深微妙的道理。

"师资"指教师或师生。

9. "生三之气"的典故

典故出于《老子·四十二章》：道生一，一生二，二生三，三生万物。

道是独一无二的，道本身包含阴阳二气，阴阳二气相交而形成一种适匀的状态，万物在这种状态中产生。

"生三之气"后指天地阴阳。

10. "曲全"的典故

典故出于《老子·二十二章》：曲则全，枉则直，洼则盈，敝则新，少则得，多则惑。是以圣人抱一为天下式。不自见故明；不自是故彰；不自伐故有功；不自矜，故长。夫唯不争，故天下莫能与之争。古之所谓曲则全者，岂虚言哉！诚全而归之。

委曲便会保全，屈枉便会直伸；低洼便会充盈，陈旧便会更新；少取便会获得，贪多便会迷惑。所以有道的人坚守这一原则作为天下事理的范式。不自我表扬，反能显明；不自以为是，反能彰明是非；不自我夸耀，反能有功劳；不自高自大，所以才能长久。正因为不与人争，所以遍天下没有人能与他争。古时所谓"委曲便会保全"的话，怎么会是空话呢？它实实在在能够达到。

"曲全"指委曲求全。

11. "满堂"的典故

典故出于《老子·九章》：持而盈之，不如其已。揣而梲之，不可长保。金玉满堂，莫之能守。富贵而骄，自遗其咎。功遂身退，天之道。

执持盈满，不如适时停止；显露锋芒，锐势难以保持长久。金玉满堂，无法守藏；如果富贵而又骄横，那是自己留下了祸根。一件事情做得圆满了，就要含藏收敛，这是符合自然的道理。

"满堂"指金玉以及财富。

12. "和光同尘"的典故

典故出于《老子·四章》：道冲，而用之或不盈。渊兮，似万物之宗。挫其锐，解其纷，和其光，同其尘。湛兮，似或存。吾不知谁之子，象帝之先。

大"道"空虚无形，但它的作用又是无穷无尽。深远啊！它好像万物的祖宗。消磨它的锋锐，消除它的纷扰，调和它的光辉，混同于尘垢。隐没不见啊，又好像实际存在。我不知道它是谁的后代，似乎是先天帝而存在。

"和光同尘"指掩抑锋芒，随俗而处。

13. "代匠"的典故

典故出于《老子·七十四章》：民不畏死，奈何以死惧之？若使民常畏死，而为奇者，吾得执而杀之，孰敢？常有司杀者杀。夫代司杀者杀，是谓代大匠斫。夫代大匠斫者，希有不伤其手矣。

人民不畏惧死亡，为什么用死来吓唬他们呢？假如人民真的畏惧死亡的话，对于为非作歹的人，我们就把他抓来杀掉，谁还敢为非作歹？经常有专管杀人的人去执行杀人的任务，代替专管杀人的人去杀人，就如同代替高明的木匠去砍木头。那代替高明的木匠砍木头的人，很少有不砍伤自己手指头的。

"代匠"后多用作自谦之词。比喻在名家高手面前，容易显出自己的拙劣。

第五节   《孙子》中的典故

《孙子兵法》又称《孙武兵法》《吴孙子兵法》《孙子兵书》《孙武兵书》等，是中国现存最早的兵书，也是世界上最早的军事著作，被誉为"兵学圣典"，处处表现了道家与兵家的哲学，共有 6000 字左右，一共 13 篇。《孙子兵法》是中国古代军事文化遗产中的璀璨瑰宝，优秀传统文化的重要组成部分，其内容博大精深，思想精髓富赡，逻辑缜密严谨，是古代军事思想精华的集中体现。作者为春秋时祖籍齐国乐安的吴国将军孙武。《孙子兵法》被奉为兵家经典，诞生至今已有 2500 年历史，历代都有研究。李世民说："观诸兵书，无出孙武"。兵法是谋略，但谋略不是小花招，而是大战略、大智慧。《孙子兵法》也流传下来大量的典故。

1. "兵贵神速"的典故

典故出于《孙子·九地篇》：兵之情主速，乘人之不及，由不虞之道，攻其所不戒也。

用兵之理，贵在神速，乘敌人措手不及的时机，走敌人意料不到的道路，攻击敌人不加戒备的地方。

"兵贵神速"指用兵以行动特别迅速为贵。

2. "兵行诡道"的典故

典故出于《孙子·计篇》：兵者，诡道也。故能而示之不能，用而示之不用，近而示之远，远而示之近；利而诱之，乱而取之，实而备之，强而避之，怒而挠之，卑而骄之，佚而劳之，亲而离之。

战争，本来是一种诡诈之术。所以，能战却示之软弱；要打，却装作退却；要攻近处，却装作攻击远处；要想远袭，却又装作近攻；敌人贪利，就用小利引诱；敌人混乱就要攻取；敌人力量充实，就要防备；敌人兵强卒锐，就避其锋头；敌人气势汹汹，就设法扰乱它；敌人谦卑就要使之骄横；敌人安逸就要使之疲劳；敌人内部和睦，就要离间他们。

"兵行诡道"后指用兵之道在于诡伪莫测。

3. "出其不意，攻其不备"的典故

典故出于《孙子·计篇》：攻其无备，出其不意。此兵家之胜，不可先传也。

要在敌人没有防备处攻击，在敌人料想不到的时候采取行动。这是指挥家制胜的秘诀，不可预先讲明。

"出其不意，攻其不备"后指行动出乎人的意料。

4. "出奇制胜"的典故

典故出于《孙子·势篇》：凡战者，以正合，以奇胜。故善出奇者，无穷如天地，不竭如江海。终而复始，日月是也。死

而更生，四时是也。声不过五，五声之变，不可胜听也；色不过五，五色之变，不可胜观也；味不过五，五味之变，不可胜尝也；战势不过奇正，奇正之变，不可胜穷也。奇正相生，如循环之无端，孰能穷之哉！

大凡作战，都是以正兵作正面交战，而用奇兵去出奇制胜。善于运用奇兵的人，其战法的变化就像天地运行一样无穷无尽，像江海一样永不枯竭。像日月运行一样，终而复始；与四季更迭一样，去而复来。宫、商、角、徵、羽不过五音，然而五音的组合变化，永远也听不完；红、黄、蓝、白、黑不过五色，但五种色调的组合变化，永远看不完；酸、甜、苦、辣、咸不过五味，而五种味道的组合变化，永远也尝不完。战争中军事实力的运用不过"奇""正"两种，而"奇""正"的组合变化，永远无穷无尽。奇正相生就好比圆环旋绕，无始无终，谁能穷尽呢。

"出奇制胜"后指用意想不到的方法取得胜利。

5. "工迟"的典故

典故出于《孙子·作战篇》：故兵闻拙速，未睹巧之久也。夫兵久而国利者，未之有也。故不尽知用兵之害者，则不能尽知用兵之利也。

所以在实际作战中，只听说将领缺少高招但靠神速取胜的，却没有见过指挥高明巧于持久作战的。战争旷日持久而有利于国家的事，从来没有过。所以，不能详尽地了解用兵的害处，就不能全面地了解用兵的益处。

"工迟"后指用兵持重而造成缓慢。

6. "静若处子，动若脱兔"的典故

典故出于《孙子·九地篇》：是故始如处女，敌人开户；后如脱兔，敌不及拒。

所以战争开始要像处女一样沉静，不露声色，使敌放松戒备，战争展开之后，要像脱兔一样迅速行动，使敌人来不及抵抗。

"静若处子，动若脱兔"形容军队未行动时就像未嫁的女子那样沉静，一行动就像逃脱的兔子那样敏捷。

7. "十围五攻"的典故

典故出于《孙子·谋攻篇》：故用兵之法，十则围之，五则攻之，倍则分之，敌则能战之，少则能逃之，不若则能避之。故小敌之坚，大敌之擒也。

用兵的原则是：有十倍的兵力就包围敌人，五倍的兵力就进攻敌人，两倍的兵力就分割消灭敌人，有与敌相当的兵力则可以抗击，兵力少于敌人就要避免与其正面接触，兵力弱小就要撤退。所以弱小的军队顽固硬拼，就会变成强大敌军的俘虏。

"十围五攻"指兵力十倍于敌人可以合围，兵力五倍于敌人可以攻战。

8. "首尾相应"的典故

典故出于《孙子·九地篇》：故善用兵者，譬如率然；率然者，常山之蛇也。击其首则尾至，击其尾则首至，击其中则首尾俱至。

所以，善于用兵打仗的人，能使部队像"率然"一样。所谓"率然"，乃是常山的一种蛇，打它的头，尾巴就来救应，打它的尾，头就来救应，打它的中部，头尾都来救应。

"首尾相应"指军队作战时各部分互相照应支援。

9. "堂堂正正"的典故

典故出于《孙子·军争篇》：三军可夺气，将军可夺心。是故朝气锐，昼气惰，暮气归。善用兵者，避其锐气，击其惰归，此治气者也。以治待乱，以静待哗，此治心者也。以近待远，以佚待劳，以饱待饥，此治力者也。无邀正正之旗，勿击堂堂之阵，此治变者也。

对于敌方三军，可以挫伤其锐气，可使丧失其士气，对于敌方的将帅，可以动摇他的决心，可使其丧失斗志。所以，敌人早朝初至，其气必盛；陈兵至中午，则人力困倦而气亦怠惰；待至日暮，人心思归，其气益衰。善于用兵的人，敌之气锐则避之，趁其士气衰竭时才发起猛攻。这就是正确运用士气的原则。用治理严整的我军来对付军政混乱的敌军，用我镇定平稳的军心来对付军心躁动的敌人。这是掌握并运用军心的方法。以我就近进入战场而待长途奔袭之敌，以我从容稳定对仓促疲劳之敌，以我饱食之师对饥饿之敌。这是懂得并利用治己之力以困敌人之力。不要去迎击旗帜整齐、部伍统一的军队，不要去攻击阵容整肃、士气饱满的军队，这就是懂得战场上的随机应变。

"堂堂正正"形容强大整齐。

10. "同舟共济"的典故

典故出于《孙子·九地篇》："夫吴人与越人相恶也，当其同舟而济，遇风，其相救也如左右手。是故方马埋轮，未足恃也；齐勇若一，政之道也；刚柔皆得，地之理也。故善用兵者，携手若使一人，不得已也。

吴国人与越国人虽然互相仇视，可是，当他们同船渡河时，如遇大风，也能互相救援，犹如一个人的左右手一样。因此，想用系住马匹、埋起车轮的办法来稳定军队，那是靠不住的。要使全军齐心奋勇，在于组织指挥得法；要使强弱都能各尽其力，在于恰当地利用地形。所以，善于用兵的人，指挥三军就像使用一人那样容易，这是由于把士卒置于不得已的境地而造成的。

"同舟共济"比喻同心协力、共渡难关。

第八章　中华典故的流变

第一节　昭君出塞

1. 文学母题

　　"昭君出塞"的故事最早见于班固《汉书》，不知何时悄然进入了文学领域。现存最早的作品是汉乐府中托名王嫱的《昭君怨》。西晋石崇《王明君辞》给昭君形象配以琵琶，她以琵琶诉怨，表述内心感受。东汉蔡邕《琴操》写昭君因元帝不见遇而负气出行，后来又为了不让她失节蒙羞，让她吞药自尽了。东晋葛洪的笔记小说《西京杂记》则虚构了昭君悲剧的直接制造者。它解释了为什么昭君"貌为后宫第一"，却"数岁不得见御"，得不到汉元帝宠幸的原因：一为元帝后宫过多；二为画师作怪。但这里并没有坐实陷害昭君的画师就是毛延寿，只是说他是最善"人形"者，而后世人们却由此认定了他就是昭君悲剧的直接制造者。南朝宋范晔的《后汉书·南匈奴传》虽是一部史书，却并非纯为历史实录，它接受了野史、小说和民间传说的影响，充满了感性色彩。一是描写了昭君美丽动人的形象：

"丰容靓饰，光明汉宫，顾景裴回，竦动左右"，极尽渲染，唤起读者生动的审美联想；二是表现了昭君的性格和内心世界：因"入宫数岁，不得见御，积悲怨"而负气出走的不满和反抗，以及后来求归不成、迫从胡俗的无奈和悲怨，充满了虚构想象的文学色彩。昭君故事发生后就一直在发展演变，故事轮廓在不断地清晰完善，昭君的形象和性格在逐渐鲜明丰满。对她的描写由只关注历史事件，转变为对个体生命的关注。有悲其远嫁者，有为其下嫁蛮夷、屈身受辱深抱不平者，有同情其貌美而不为元帝所遇者，有愤恨小人为患者，都以"昭君怨"为基调，形成了昭君题材的文学母题。这个"怨"字，继续启发着后代文人的无穷遐想，开启了文学创作的广阔空间，形成了蔚为壮观的昭君题材的文学创作史。

2. 主题的开拓、发展

"昭君怨"文学母题，引发了后世文人无穷的想象，在南北朝、隋、唐、宋诸朝，人们主要通过诗歌形式，从各个不同的角度和层面去生发、联想，大大丰富了它的内涵。概括起来，主要是从以下几个方面去开拓和发展。

以昭君个人的悲剧为基点，主要针对昭君出塞之后的"怨"情展开联想。昭君心中的怨情是人们关注的焦点，作为出塞行为主体的她，具体心态和情感到底是怎样的呢？人们情不自禁地作了各种揣测和渲染。最后，人们把一个女性可能遭遇的不幸全部集中在了昭君的身上，使她的悲剧达到最高程度：远嫁漠北的孤独寂寞、路途跋涉的艰辛、别父辞母的悲伤、异域风霜的侵凌、思乡怀国的哀怨、思恋汉宫的凄楚，最后再加上与汉元帝的爱情悲剧。

最早流传的汉乐府《昭君怨》就假借昭君口吻抒发了远离父母的哀怨。西晋石崇《王明君辞》悬想了昭君出塞后由于风俗差异带来的痛苦。梁代沈约《昭君辞》则揣摩昭君在沙尘飞扬、霜风刺骨的环境下凄苦的感受："日见奔沙起，稍觉转蓬多。胡风犯肌骨，非直伤绮罗。"北周庾信《昭君辞应诏》融合自己羁留北朝的身世之感，抒写了路途跋涉的艰辛和边地之苦："冰河牵马渡，雪地抱鞍行。胡风入骨冷，夜月照心明。"唐徐夤《追和常建叹王昭君》："愿化南飞燕，年年入汉宫"，写到昭君对汉宫的苦苦怀念。而卢照邻《昭君怨》："合殿恩中绝，交河使渐稀。肝肠辞玉辇，形影向金微。"则涉及与汉元帝的恩爱中绝。

敦煌发现的《王昭君变文》，由于残缺，我们只能看到昭君嫁到匈奴后的故事：身处塞外的昭君，虽然得到单于的宠爱，享有皇后的尊贵，却不以为乐，日夜思念故土，悲苦哀思，以致憔悴而死。对于昭君在汉宫的故事虽不得而知，但从"如今以暮（沐）单于德，昔日还录（承）汉帝恩"，"假使边庭突厥宠，终归不及汉王怜"，"慈母至今何在，君王不见追来"等零星残句和临死前"请报汉王知"的愿望以及"漂遥（嫖姚）有惧于检狁（猃狁），卫霍怯于强胡。不稼（嫁）昭军（君），紫塞难为运策定"的"祭词"来看，似乎昭君与汉皇之间有爱情关系，因"怯于强胡"不得不割舍而造成悲剧。

远嫁绝域，凄苦难耐，离乡辞国，无亲无故，要忍受爱情的痛苦，人们就这样一步一步地添加、渲染，把昭君个人的悲剧推向极致，追究昭君悲剧的原因，斥责画师毛延寿，进而演变为讽刺皇帝昏庸寡恩和朝臣的无能。隋朝薛道衡《昭君辞》以昭君的口吻抒写了对画师的怨恨："蛾眉非本质，蝉鬓改真形。专由妾薄命，误使君恩轻。"唐崔国辅《王昭君》直接表达了对毛延寿的痛恨："一回望月一回悲，望月月移人不移。何时得见汉朝使，为妾传书斩画师。"画工贪贿，虽然直接反映的是世情的丑恶，但事关朝廷，也就间接地反映了朝政的腐败。白居易《昭君怨》直接把矛头指向皇帝："明妃风貌最娉婷，合在椒房应四星。只得当年备宫掖，何曾专夜奉纬屏。见疏从道迷图画，知屈那教配房庭。自是君恩薄如纸，不须一向恨丹青。"以昭君的品貌而论，理应位居皇后，但皇帝只把她当作一般的宫人，来没有宠幸亲近过她。如果说是被画师蒙蔽而不知她的美貌，为什么知道真相后还要把她送给单于？看来最根本的原因是皇帝薄情寡恩，不要只知道怨恨画师。宋代诗人更是非常理性地认识到了这个问题，影响最大的是王安石《明妃曲》（其一）："明妃初出汉宫时，泪湿春风鬓角垂。低回顾影无颜色，尚得君王不自持。归来却怪丹青手，入眼平生几曾有。意态由来画不成，当时枉杀毛延寿。一去心知更不归，可怜着尽汉宫衣。寄声欲问塞南事，只有年年鸿雁飞。家人万里传消息，好在毡城莫相忆。君不见咫尺长门闭阿娇，人生失意无南北。"诗的开头再现了《后汉书》昭君临辞时"丰容靓饰，光明汉宫，顾影裴徊，竦动左右"的经典场面，之后转入议论，"意态由来画不成，当时枉杀毛延寿"，"君不见咫尺长门闭阿娇，人生失意无南北"，直击本质，振聋发聩。欧阳修以"虽能杀画工，于事竟何益。耳目所及尚如此，万里岂能制夷狄"（《明妃曲和王介甫作》其二）、司马光以"目前美丑良易知，咫尺掖庭犹可欺。君不见白头萧太傅，被谗仰药更无疑"（《和王介甫明妃曲》）来唱和响应，讽刺君王喜怒难测，恩爱易衰；又宠信小人，蔽于视听，是非不分，致使多少忠臣才士枉遭不幸。也有作品讽刺朝臣的无能，如宋朝刘次庄《王昭君》。

当然，在这类作品中，作者不仅仅立足于同情昭君，而是融入了自己对社会现实的深刻感触。发扬比兴传统，借昭君的悲剧寄托文人才士的人生感慨。君权专制与朝政黑暗，使士人们或怀才不遇，处身蒿莱；或朝举而夕贬，坎坷飘零，完全无法把握自己的命运，如同封建家庭生活中没有地位、没有自由的弱女子一样。因此，在昭君的身上他们能找到更多的契合点。

首先，从昭君"貌为后宫第一"却"不得见御"，被迫下嫁蛮夷，死于荒漠的怨恨，发出文人怀才不遇、沉沦下僚的悲愤。唐代诗人最多这样的咏叹。李白《王昭君》（其二）以昭君"生乏黄金"而埋没胡沙，寄托自己因无钱无势、无人引荐而埋没才华的愤恨。杜甫《咏怀古迹》（其三）把寄托表达得深沉委婉："群山万壑赴荆门，生长明妃尚有村。一去紫台连朔漠，独留青冢向黄昏。画图省识春风面，环珮空归月夜魂。千载琵琶作胡语，分明怨恨曲中论。"这是杜甫晚年漂泊夔州时所作。昭君流落塞外、抛骨黄沙，悲剧的根源是汉元帝不会识人，从画图上怎么能看出人真正的美呢？同理，朝廷里没有识才的伯乐，致使自己一生穷愁奔波、漂泊流离。李商隐的《王昭君》，意就更加缠绵隐晦了："毛延寿画欲通神，忍为黄金不为人。马上琵琶行万里，汉宫长有隔生春。"毛延寿索贿不成，便化美为丑，昭君被遣往万里之外的单于庭，她怀抱琵琶，忧伤无奈，汉宫对她来说，今生今世再也回不来了。叶葱奇疏解曰："这是寓慨远就幕职，不能服官京师之作。用'毛延寿'颠倒好丑以比馋毁、排挤之人，'汉宫'比朝廷。"抒发自己有志难伸的终生憾恨。像宋朝袁燮"自古佳人多薄命，亦如才士多流落。人才有益尚疏外，佳人无补何可怼"（《昭君祠》）这样以佳人薄命喻才士流落的诗就更多了。

　　另外，从昭君不能把握自己的命运，任由摆布的无奈悲哀，引发出文人感慨命运无常之悲。李白《王昭君》（其一）感叹命运的无定，苏轼《昭君村》更具有探究人生的理性色彩："昭君本楚人，艳色照江水。楚人不敢娶，谓是汉妃子。谁知去乡国，万里为胡鬼。人言生女作门楣，昭君当时忧色衰。古来人事尽如此，反复纵横安可知。"自古以来人事是多么错综复杂，难以预料，人的命运也是谁也无法把握的。苏轼一生在政治上坎坷不平，借昭君之事，抒发自己感慨。

　　从为昭君下嫁夷狄、屈从胡俗抱不平的民族意识，演变为反抗民族压迫的爱国主义思想。中国的汉民族自称"华夏""天子之国"，"华夷之辨""大汉族主义"的意识是根深蒂固的。早在西晋石崇的《王昭君辞》中就流露了"殊类非所安，所贵非所荣"的民族意识。到了唐代，国力强盛，思想开放，对异民族文化宽容接纳，称自己的皇帝为"天可汗"，表现出一种更高程度上的民族自豪感、自信心，坚决反对和亲政策。如戎昱《和番》："汉家清史上，计拙是和亲。"李中《王昭君》更是说道："谁贡和亲策，千秋污简编。"在民族矛盾尖锐激烈的宋代，反对和亲的呼声更是一浪高过一浪。黄庭坚《水调歌头·游览》下片写道："堂有经纶贤相，边有纵横谋将，不减翠蛾羞。戎虏和乐也，圣主永无忧。"指责朝廷只知苟安，一味退让，丧失民族自尊。在主和派把持朝政的南宋，遭受压制的抗战派志士常借昭君之事抒发愤懑，反对投降。李纲《明妃曲》："宁辞玉质配胡虏，但恨拙谋羞汉家。"陆游《明妃曲》："双驼驾车夷乐悲，公卿谁悟和戎非？"在南宋灭亡之际，爱国志士更是借昭君之事唱出了心中的亡国之悲，如文天祥《和中斋韵》，把明妃与望帝并举，融入了深深的亡国之悲。与后宫嫔妃一同被掳的宫廷琴师汪元量以《昭君墓》来抒发亡国的无限悲恨："一昔王昭君，远嫁单于去。上马出宫门，琵琶语如诉。昔为汉宫妃，今作胡虏妇。别来岁月深，竟入泉下路。还知身后名，青草覆孤墓。""昔为汉宫妃，今作胡虏妇"，不仅仅是昭君的写照，更是亡国之后被虏北上的南宋嫔妃宫人的写照。她们和昭君一样，将会埋骨异邦，永无回归的希望。不一样的是，昭君还留下青冢和史名，而她们只会留下耻辱和憾恨。

3. 经典原型的分析

从南北朝、隋唐到宋金，人们从各个角度和不同层次对"昭君怨"的内涵进行了全面、深刻地拓展和挖掘。这对元代的马致远有深刻的启发和影响。马致远也曾以散曲的形式表现过"昭君怨"。如《天净沙》："西风塞上胡笳，月明马上琵琶，那底昭君恨多。李陵台下，淡烟衰草黄沙。"写昭君远嫁之恨。《南吕·四块玉·紫芝路》："雁北飞，人北望，抛闪煞明妃也汉君王。小单于把盏呀剌剌唱，青草畔有收酪牛，黑河边有扇尾羊，他只是思故乡。"写昭君对汉王的怨恨和对故乡的思念。

而他的杂剧《汉宫秋》则最负盛名。由于特殊时代和特殊人生经历的玉成，加之叙事体裁篇幅上的优势和作者巧妙的改编、创作，使它奇妙地兼容了此前昭君作品的各种意蕴，并使之深化，成为意蕴丰富深邃、让读者探寻不尽的"神品"，达到"光辉的顶点"，成为昭君题材的经典原型之作，升华了昭君的悲剧形象。

《汉宫秋》是一个末本戏，主角是汉元帝，但从侧面表现出来的昭君形象却异常鲜明。平民出生的王昭君，生得绝色美丽，但因不答应毛延寿的索贿要求，被毛延寿点破美人图，打入冷宫，"十年未得见君王"，寂寞幽怨度春秋。一次偶然，深夜弹琴抒忧，被汉元帝发现，惊诧于她的美貌，当即封为明妃，并传旨斩首毛延寿。正当昭君深得汉元帝宠幸之时，叛国投敌的毛延寿唆使单于大军压境，讨要昭君和亲。在国势衰弱，兵甲不利，文臣无策，皇帝无奈的情况下，昭君挺身而出，情愿和番，以息刀兵。她虽然难以割舍"与陛下闺房之情"，但深明大义，情愿牺牲自己的青春和爱情，去挽救国家民族之危难。而行至匈汉交界处，又拒不入番，投江而死。既不辱个人尊严和民族气节，又不负元帝之爱。昭君的形象塑造得十分崇高完美，她虽然有怨有恨，但不再是一个哭哭啼啼、任人摆布的牺牲品，而是一个有民族气节、个人尊严并认识到自身价值的刚烈女子，把昭君个人的命运悲剧上升为国家民族的时代悲剧，使昭君之"怨"增添了一种大义凛然、悲壮崇高的意味。把批判朝政的意蕴上升到一个新的高度。

《汉宫秋》中的毛延寿不仅是一个画工，更是一个朝廷的中大夫。他"百般巧诈，一味谄谀，哄得皇帝老儿十分欢喜，言听计从"，"谄佞奸贪"，无恶不作。一旦败露，便叛国投敌，引狼入室；朝廷中还有一类是"只会中书陪伴食，何曾一日为君王"的庸官。平日里，"只会文武班头，山呼万岁，舞蹈扬尘，道那声诚惶顿首"，危急时，"似箭穿着雁口，没个人敢咳嗽"；再者就是贪恋女色、疏于朝政、自酿苦果的汉元帝。他被毛延寿这类奸臣所蒙骗，朝政失察，一上场就自夸"自朕嗣位以来，四海晏然，八方宁静"，唯感"后宫寂寞"。让毛延寿"遍行天下刷选"，"将选中者各图形一轴送来，朕按图临幸"。在遇见昭君以后，遂迷恋于其美貌，如痴如醉，"昵爱过甚，久不设朝"，直到匈奴大军压境时，才陡然发现自己国势衰微，兵甲不利，只能百般无奈地让自己的爱妃和亲，演出了一幕"妻嫁人，夫主婚"的悲剧，实在是一代帝王的奇耻大辱。这种由奸臣庸官昏君组成的朝廷，在没落的封建王朝是一种常见现象。

本剧又具有十分强烈的民族意识。此前昭君题材所表现的民族意识大都是一种以汉民族的优越去鄙视落后民族的心理，言其下嫁、屈配。而马致远生活的元朝，汉民族成为最下等的臣民，任由欺凌践踏，甚至杀戮，连宋王朝的祖坟都被挖掘毁坏。马致远虽不是南宋遗民，但他毕竟是汉人。李昌集说："汉家王朝的覆没，'祖坟'的被掘，不仅对南宋人民是奇耻大辱，对所有的汉人都是没齿之痛"，"是整整一个民族的心灵震颤，是整个民族'自我'位置的失落。"而且从北宋末到南宋末，宋室后妃遭受异族掳掠凌辱的血泪史实，也刺激着马致远的心灵。因此《汉宫秋》表现出异常强烈的反抗压迫的民族意识。

首先，他更明显地把昭君故事的背景由汉强胡弱改为胡强汉弱，渲染了匈奴以强凌弱的气势。

其次，把昭君入番为阏氏改为昭君行至番汉交界，拒不入番，投江自尽，以身殉国，表现了她的民族气节和爱国精神。这一方面是元代社会异族统治的现实的投影，一方面表现了作者和广大被压迫民族内心不屈和反抗的强烈情绪。抒发了传统文人的人生感慨。马致远生活在元代，可谓是双重的不幸，不仅生为汉人遭受民族压迫，而且作为知识分子备受社会歧视轻贱。在传统封建社会，知识分子是一个特殊的阶层，他们抱着儒家"以天下为己任"的信念，"学而优则仕"，通过游说或科举，有机会进入统治阶层，甚至可能位极人臣。而到了元代，知识分子的境遇一落千丈，科举被废止，仕途被断绝，生计艰难，地位低下，备受歧视。极有才华的马致远，怀有极深的儒家传统思想，非常热衷于功名，希望凭借自己的才能做一番事业。为此他曾经历了的"带月行，披星走"与"枕上愁，马上忧"的漂泊生涯，在仕途上艰难跋涉，苦苦追求。但作为汉族知识分子，最终只能是屈身为地位卑下的小吏，壮志难酬，只落得"都不迭半纸来大功名一旦休"。在散曲《金字经》中他凄凉地唱道："空岩外，老了栋梁材"，"困煞中原一布衣"，"登楼意，恨无上天梯"，这种对自我位置失落的悲叹，充斥着他的作品。

在《汉宫秋》中他寄予了更为深沉的生不逢辰的悲恨和命运乖戾的感慨。首先是昭君无法与自己的命运抗争。本来与父母相依，过着自足安宁的民间生活，却被毛延寿强选入宫；本来凭容貌能够得到皇帝的宠幸，却被打入冷宫寂寞十年；本已万念俱灰，却意外地得到元帝的宠幸；本以为否极泰来，富贵长久，却招来毛延寿更恶毒的陷害，挑唆单于指名强索；本以为能得到皇帝的庇护，谁知堂堂大汉天子却无力保护自己的爱妃，最终只能以死了结，强烈显示了人生命运的乖戾。

汉元帝则对世事剧变及盛衰难料感到无奈、失落和幻灭。屈辱和失败使他再也找不到昔日大汉天子威加海内的显赫感觉，悲叹"我那里是大汉的皇帝"，"我做了别虞姬楚霸王"，流露出一种盛世已去、衰败消亡的凄楚和哀伤，对发生的一切都毫无办法，只能在萧瑟秋夜清冷寂寞的后宫独对画影，一边苦思爱妃，一边咀嚼自己的失落和幻灭，"月自空明水自流，恨思悠

悠"。夜空中失群孤雁的哀鸣是失败的汉元帝的悲叹，也是生不
逢辰的元代文人的悲叹。他们失落了自我的位置，迷失了人生
的坐标，失却了精神的家园，在苦闷中彷徨挣扎，感到自己被
命运无情捉弄的幻灭无奈以及痛彻入骨的人生体验。

《汉宫秋》几个方面的主题意蕴互相包容，互相联系，共行
并存，并不矛盾，不必各执一端。并不是所有的文学作品都是
唯一主题，作者本身思想观念的复杂性、不同读者的不同阐释，
都会带来作品思想意蕴的丰富性和复杂性。如陈文忠所说"文
学作品是一种图式化的结构，充满了无数有待具体化的未定点。
读者诗评家则各有自己的审美取向和接受重点；即使在同一个
问题上也会见仁见智，发现多样的阐释角度。"事实上，越是耐
人寻味的作品，就越是充满艺术魅力的经典作品。由于时代的
特殊性和个人经历的特殊性，加之作者的巧妙改编，《汉宫秋》
给读者提供了多角度阐释的可能，使其成为昭君题材的经典原
型之作。

第二节　"比翼鸟"与"连理枝"

1. 文学母题

"比翼鸟"其字面意义是传说中的一种鸟，文字记载最早出
现在先秦时代。《尔雅·释地》："东方有比目鱼焉。不比不行。
其名谓之鲽。南方有比翼鸟焉。不比不飞。其名谓之鹣鹣。"
《史记·封禅书》："西海致比翼之鸟。"司马贞《索隐》："《山海

经》云：'崇吾之山有鸟，状如凫，一翼一目，相得乃飞，名云蛮。'""比翼鸟"是指雌鸟雄鸟总是在一起飞翔，古代诗文中常以其比喻恩爱夫妻。

典故"连理枝"有两则传说，主人公都是韩凭和妻子。相传战国时宋康王夺了韩凭的妻子，韩凭自杀，其妻跳台而死。两人坟墓各生梓树一棵，根和枝都交错在一起，一对鸳鸯在树上交颈悲鸣，人称之为连理树。另一说作韩朋，妻被夺后，被派筑青陵台，即死于其地，其妻来视，跳入墓不复见。由此而生了化蝶之说。晋干宝《搜神记》卷十一、《敦煌变文集·韩朋赋》《古诗源·鸟鹊歌》都有相关记载。《警世通言·乐小舍拼生觅偶》：儿呵！你生前不得吹箫侣，谁知你死后方成连理枝。

2. 主题的开拓、发展

"比翼鸟"最先出现在先秦诗文中，到南北朝时"比翼双飞"首次出现。《玉台新咏》卷三陆机《拟西北有高楼》："不怨伫立久，但愿歌者欢。思驾归鸿羽，比翼双飞翰。"从"比翼鸟"到成语"比翼双飞"主要是词语侧重点发生了变化，"比翼鸟"是指传说中的一种鸟，"比翼"形容鸟的翅膀，而"比翼双飞"具有形象色彩，描写出"比翼鸟"飞翔的动态美。"比翼双飞"自产生以来一直为世人所爱，清朝使用最多，沿用至今。《列朝诗集·闰集第四》："比翼双飞宿上林，流苏掩映合欢衾。香奁赋就怜苏蕙，织出回文寄锦心。"

"连理枝"从产生以来出现了二十余种典故，隋唐五代典故数量最多，如"连理枝""连理树""连理木""连理""连枝树""韩蝶""韩凭双扇""韩凭舞羽""青陵台""青陵粉蝶"。可以将它们分为事物、人物、时地三大类。其一，事物类。在"连理枝"中，首要事物是"连理树"，扩散为它的枝、叶等。"连理"二字是一个语素，有很强的粘着能力，众多典故由此派生出来。《全唐诗》第五五七卷郑畋《麦穗两岐》："史册书堪重，丹青画更宜。愿依连理树，俱作万年枝。"《全唐诗》第七三五卷和凝《宫词百首》："嘉瑞忽逢连理木，一时跪拜贺文明。"《全唐诗》第二三卷鲍溶《琴曲歌辞·蔡氏五弄·秋思二首》："燕歌易水怨，剑舞蛟龙腥。风折连枝树，水翻无蒂萍。"其二，人物类。韩凭或作韩朋及其妻是此典故的主要人物，因而衍生出多个与此人物相关的典故，如"韩蝶""韩凭双扇""韩凭舞羽"。《全唐诗》第五三九卷李商隐《蝇蝶鸡麝鸾凤等成篇》："韩蝶翻罗幕，曹蝇拂绮窗。斗鸡回玉勒，融麝暖金釭。"《全唐诗》第五七六卷温庭筠《会昌丙寅丰岁歌》："新姑车右及门柱，粉项韩凭双扇中。"《全唐诗》第四九一卷王初《青帝》："韩凭舞羽身犹在，素女商弦调未残。"其三，时地类。"连理枝"典故另一说中记载故事的发生地即为青陵台，"青陵台""青陵粉蝶"等典故油然而生。《李义山诗集·咏青陵台》："青陵台畔日光斜，万古贞魂倚暮霞。莫讶韩凭为蛱蝶，等闲飞上别枝花。"

3. 经典原型的分析

"连理枝"的典故有两个传说，一则是生了相思之树，一则是化了相思之蝶。在古代，由于社会环境的束缚，有情人难以终成眷属，所以人们常用连理枝、蝴蝶等意象喻指无缘结合的男女，体现了人们对美好生活的向往和追求。古代神话传说中有许多化蝶的故事。如"庄周化蝶"，《庄子·齐物论》："昔者庄周梦为蝴蝶，栩栩然蝴蝶也。自喻适志与！不知周也。俄然觉，则蘧蘧然周也。不知周之梦为蝴蝶与？蝴蝶之梦为周与？""梁祝化蝶"，讲述的是梁山伯与祝英台凄美动人的爱情故事。"连理枝"典故主要是人们对美好爱情的追求，希望爱情像连理树一样缠绵、深厚。连理枝的交错盘绕，生生不息，是典故最基本的意义。和凝《江城子》："迎得郎来入绣闱，语相思，连理枝。"王维有诗曰："红豆生南国，春来发几枝。愿君多采撷，此物最相思。"可见，红豆、罗帕、玉佩等都是古代定情信物。而盟誓在男女爱情中意义深刻，辛弃疾《南乡子·赠枝》："别泪没些些，海誓山盟总是赊。"在隋唐五代时，"连理枝"既是男女盟誓场所，也是男女爱情的见证。韩襄客诗残句："连理枝前同设誓，丁香树下共论心。""连理枝"和其他的典故连用时，表现的是脆弱、柔软的特点。

　　"在天愿作比翼鸟，在地愿为连理枝"一句将"比翼鸟"和"连理枝"两种富含相思意味的事物联系在一起，此后常被文人骚客连用来描写男女之间的深情厚谊。此种现象可以归纳为合典，而"比翼鸟"和"连理枝"属于相异事物的典故合用。在"比翼鸟"和"连理枝"产生之初及其后来若干年，人们只是将它们作为一种情感寄托单独使用。

第三节　女娲补天

1. 文学母题

在女娲神话造人（含造物）、补天以及女皇之治三个基本要素中，女娲补天神话的文学移位最为突出，最为精彩，可谓神话移位为文学的经典之作，也是中国文学题材意象的重要来源之一。较之造人神话，女娲补天神话的记载要略晚一些，因而其社会色彩也就愈显凹凸，有些问题也由于材料的缺失而扑朔迷离。女娲补天神话最早出现于《淮南子·览冥训》中："往古之时，四极废，九州裂，天不兼覆，地不周载，火爁炎而不灭，水浩洋而不息，猛兽食颛民，鸷鸟攫老弱。于是女娲炼五色石以补苍天，断鳌足以立四极，杀黑龙以济冀州，积芦灰以止淫水。苍天补，四极正，淫水涸，冀州平，狡虫死，颛民生。背方州，抱圆天。和春阳夏，杀秋约冬，枕方寝绳，阴阳之所壅沈不通者，窍理之；逆气戾物，伤民厚积者，绝止之。当此之时，卧倨倨，兴眄眄，一自以为马，一自以为牛，其行蹎蹎，其视瞑瞑，侗然皆得其和，莫知所由生；浮游不知所求，魍魉不知所往。当此之时，禽兽蝮蛇，无不匿其爪牙，藏其螫毒，无有攫噬之心。考其功烈，上际九天，下契黄垆，名声被后世，光晖重万物。乘雷车，服驾应龙，骖青虬，援绝瑞，席萝图，黄云络，前白螭，后奔蛇，浮游消摇，道鬼神，登九天，朝帝于灵门，宓穆休于太祖之下。然而不彰其功，不扬其声，隐真人之道，以从天地之固然。何则？道德上通，而智故消灭也。"

　　尽管距离"往古之时"已经相当久远，但它毕竟给后人大致勾勒出女娲补天神话的主要部分，其中包括女娲补天的起因、补天的方法和过程、补天后的效果及功绩等。正是这些内容，才构成了女娲补天神话的主体内涵，并成为民族精神的重要组成部分。今天的神话学者认为，补天的女娲应该是夏王朝之前我国母系氏族社会时代以石为图腾的氏族女始祖的化身。所谓以石补天，不过是怀念这位女始祖的伟大功绩而已。当然，结合其他材料，补天神话还是有些问题需要厘定和澄清。首先是这段文字的文化内涵和文学精神。作为创世神话，女娲补天神话显示出其独有的气魄和魅力。女娲补天的壮举却是在开天辟地之后，人类面临天崩地裂的危难时刻，以拯救人类的英勇气概而进行的，因而显得气壮山河，豪迈无比。中华民族的坚强意志和顽强斗志，在这里已经初见端倪。

2. 主题的开拓、发展

　　女娲补天的文学化大约始于魏晋南北朝时期。张华《博物志》中记载了女娲补天的传说："天地初不足，故女娲氏炼五色石以补其阙，断鳌足以立四极。其后共工氏与颛顼争帝，而触不周之山，折天地，绝地维。故天后倾西北，日月星辰就焉；地不满东南，故百川水注焉。"有意思的是，张华显然不认为共工折断不周山是女娲补天的起因。这似乎与王充以及后来司马贞的理解有矛盾，但从内容上看，张华所述几乎是《淮南子·

览冥训》中女娲补天故事和《淮南子·天文训》中共工与颛顼争帝怒触不周山故事的合成。而且在两件事情的先后顺序的排列上似乎也更倾向于《淮南子》。至于文学意味，《博物志》的描写似乎比《淮南子》还要简略，但相比之下，《淮南子》的描写尽管详于《博物志》，但作为诸子著作，它最终毕竟落脚于道家出世之想。而《博物志》则去除了女娲功成退隐的内容，只保留了女娲补天的主体因素。尽管《博物志》不过为典型的六朝志怪"粗陈梗概""丛残小语"的简略笔法，但因其脱离了诸子著作以阐发观点的议论为归宿的宗旨而使其向文学迈出了重要一步。作为小说故事，《博物志》中保留了女娲补天故事的精粹部分，为后来的女娲补天传说向文学的移位起到了重要的情节内容的过滤传承作用。

诗文中最早描写女娲补天题材的是南朝梁代江淹的骚赋《遂古篇》："闻之遂古大火然兮，水亦溟涬无涯边兮，女娲炼石补苍天兮，共工所触不周山兮。"从内容成分来看，文中保留了女娲补天神话中的基本要素：水火之灾、炼石补天、共工触不周山。然而，江淹以其文学家的妙笔，将这些要素以整齐铿锵的音节和华美风雅的文字加以整合，构成了一幅宏伟壮观的女娲补天图，从而首次从文学的意义上完成了对女娲补天神话的继承和移位。和神话中的女娲补天记载相比，《遂古篇》的文字失去了神话记载中远古人们对人与自然紧张关系的焦虑，淡化了补天成功后远古人们的那份由衷喜悦之情，也摈弃了汉代记录者所赋予的道家出世色彩。

　　到了唐代，女娲补天题材完全被文学家打造成为远离神话原型的文学天地。最为引人瞩目的，就是补天神话中的各个母题单元，都被文学家的生花妙笔加以渲染，成为琳琅满目的文学形象。其中有的是以"断鳌足以立四极"来做文章：金鳌腾腾高百丈，昔者曾游东海浪。女娲断足奠坤舆，怒身化作安吴嶂。骨肉虽变魂魄鲜，千秋万古生云烟。（《全唐诗补编·献题金鳌山》）这座依傍长江的美丽山峰不仅得尽天时地利之便，而且有意思的是，吕从庆借给金鳌山题诗的机会，为女娲补天神话中的反面形象———被折足的鳌大作翻案文章。作者先从正面描绘并赞美金鳌遭受女娲断足前的雄姿气概："金鳌腾腾高百丈，昔者曾游东海浪。"接着又以"女娲断足奠坤舆，怒身化作安吴嶂"两句描写鳌被女娲断足后化作安吴山嶂的悲壮与雄伟。后两句则对金鳌生命已去、灵魂永存的魅力发出由衷的期待和赞美。

　　然而最为精彩，在文学史、文化史上影响巨大和深远的，还是炼石补天神话在后代文学天地中的再植和繁荣。首先，和《淮南子》等神话记载相比，后代女娲补天题材的文学作品淡化了神话中先民因惧怕洪水地震等自然灾害而表现出来的焦虑恐惧之情，代之以有距离的超然感受和审美旨趣，并且充分发挥文学的想象力和表现力，不断完善、补充和再造补天题材的精神蕴涵和艺术价值。补天题材已经由先民抗洪抗震的历史记录，变成了中华民族战天斗地、英勇不屈精神的真实写照和优美表现，进而逐渐积淀形成了民族精神的重要组成部分。

如唐代大诗人张九龄的《九度仙楼》："谁断巨鳌足？连山分一股。谁跨海上鹏？压作参差羽。应是女娲辈，化工挥巧斧。掀翻煮石云，大块将天补。渣滓至今在，县瓴分注乳。磊落掷遐荒，龃龉不合土。忙惊日月过，晃漾空中舞。衷益问巨灵，硌硌碍臂武。塞罅制逆流，努力迹骈拇。神禹四载仆，九年梗作雨。迂回杀拗区，澎湃乱飞鼓。漫下祖龙鞭，六丁护舟府。漫发熊绎矢，非石又非虎。数狭不能制，伊谁可再侮。曾把蓬莱输，难将此物赌。罗浮亦可移，此物不可取。肋斗出盘山，粗能踞地主。芝田第九层，最上蕙生圃。"（《全唐诗续拾》卷十一）

首先引起我们注意的，是诗中在原有女娲补天神话素材的基础上，增加了几个新的母题意象。比如神话记载中只有"断鳌足以立四极"，而张九龄将"立四极"具体化为"连山分一股"。这虽然看上去似乎显得不如"立四极"有气魄，但却显得更加细腻真实而具有形象感。同时，作者又驰骋想象，增添了海上跨鹏和压作参差的内容。此外，作者又把神话题材中女娲"炼五色石以补苍天"的记载具体化为女娲挥动巧斧，掀翻煮石云补天，以及补天后残落的渣滓至今立于荒原的内容。这样一来，先民质朴浑厚的宇宙洪荒神话，增添了许多富有艺术形象感和生命活力的母题意象，并且与其他神话故事交相辉映，令人目不暇接，成为神话题材移位为文学作品的鲜明例证。

比张九龄走得更远，把女娲神话文学化工作做得更为彻底的是卢仝，他的《与马异结交》堪称是女娲故事文学化的另起炉灶和翻版再造："神农画八卦，凿破天心胸。女娲本是伏羲妇（或作妹），恐天怒，捣炼五色石。引日月之针，五星之缕把天补。补了三日不肯归婿家，走向日中放老鸦，月里栽桂养蛤蟆。"（《全唐诗》卷三百八十八）这里诗人不仅把女娲补天所使用的工具天才地想象为日月之针和五星之缕，而且饶有生活情趣地增添出女娲补天之后日中放老鸦和月里栽桂养蛤蟆的细节，使原本庄严神圣的补天故事和女娲形象，增添了几分生活色彩和平易之情，也使诗歌的文学抒情意味大大增强。梁启超认为，中国诗歌在走向浪漫化的过程当中，诗人对于神话题材的借鉴使用起到了至关重要的作用。

3. 经典原型的分析

　　女娲补天神话移位为文学的一个重要标志，就是女娲补天母题的符号化。大量文人诗文中出现的补天母题，被文学家反复使用，逐渐积淀，成为相对稳定的文学符号。这种符号化的女娲补天意象成为文学家的一种修辞手段，为描绘和渲染喻体的美好，借女娲补天的意象来加以完成。于是文学作品中的女娲补天意象，成为以巧夺天工的手段造福人类的美好境界。比如李贺《李凭箜篌引》："吴丝蜀桐张高秋，空山凝云颓不流。江娥啼竹素女愁，李凭中国弹箜篌。昆山玉碎凤凰叫，芙蓉泣露香兰笑。十二门前融冷光，二十三丝动紫皇。女娲炼石补天处，石破天惊逗秋雨。梦入神山教神妪，老鱼跳波瘦蛟舞。吴质不眠倚桂树，露脚斜飞湿寒兔。"（《李贺诗歌集注》卷一）诗中女娲补天故事与其他著名神话传说一起，成为诗人用来形容李凭演奏箜篌乐曲的美妙音乐意境的形容用语和借代修辞方式。人们借助这些已经熟知的神话传说意象，来完成对于作者所暗示的音乐世界想象和理解。诗中女娲二句吴正子注曰：言箜篌之声，忽如石破而秋雨逗下，犹白乐天《琵琶行》"银瓶乍破水浆迸"之意。琦玩诗意：当是初弹之时，凝云满空；继之而秋雨骤作；泊乎曲终声歇，则露气已下，朗月在天；皆一时实景也。而自诗人言之，则以为凝云满空者，乃箜篌之声遏之而不流；秋雨骤至者，乃箜篌之声感之而旋应。似景似情，似虚似实。读者徒赏其琢句之奇，解者又昧其用意之巧。显然明白之辞，而反以为在可解不可解之间，误矣！（《李贺诗歌集注》卷一《李凭箜篌引》注四）王说可谓知音之解。

此类以女娲补天故事为符号，指代各类壮观伟业的文学描写不胜枚举，如张养浩《秀碧石》一诗中以"初疑女娲醉堕簪，去刃火不烧年万亿"两句形容友人所示"秀碧石"的精美；又如元王沂《玄岩石砚为柴舜元宪金赋》："汉江有奇石，磊落太古色。淘沙相薄蚀，岁久露岩穴。幸免女娲手，炼之补天裂。"（《伊滨集》卷四）作者在赞叹汉江奇石之美的同时，又感叹这样的奇石当年幸亏幸免于女娲之手，没有用于补天。作者的本意是以此来说明汉江奇石的奇美，但也从反面暗示出，如此奇美之石当年在女娲手下只是落选之物，可见女娲择石之严。这种文学想象空间的铺设无疑给读者对于女娲补天文学意蕴的把握和驾驭提供了无限广阔的天地。的确，女娲补天神话题材的符号化，为补天神话的进一步文学化打开了一道大门，文人们蜂拥而入，纷纷以补天神话作为展示自己文学才华的手段，并服务于自己各自作品中的内容和意境。如元代袁桷《玉署鳌峰歌》："女娲五色余刀圭，化为蓬莱东海之虹霓。"（《清容居士集》卷八）美丽的玉署鳌峰，被想象成为经过女娲五色刀刊削之后所化，其美丽形态如同蓬莱东海之虹霓。值得注意的是，与以往的女娲补天意象符号化的使用不同，诗中作为修辞喻体的，已经不仅仅是单一的女娲补天意象，而是女娲补天意象和蓬莱东海虹霓两个喻体的连环套用。很显然，女娲补天意象在这里进一步扩大了文学修辞的使用范围。其走向文学、移位为文学的轨迹，更加纵深化和自觉化了。与此相比，宋人王安中的题画诗《题赵大年金碧山水图》的文学色彩更为胜出："余闻女娲炼石补天缺，石破压天天柱折。五色堕地金嵯峨，六鳌跨海吹银波。扶桑玉红下天半，贝阙珠宫紫云满。"（《两宋名贤小集·初寮小集》）尽管诗中没有采用袁桷那样的喻体连环套用法，但诗人却以"金嵯峨"来形容"五色堕地"缤纷之态，以"吹银天"来描绘"六鳌跨海"凌空雄姿，从而把女娲补天题材中的几个母题意象的文学色彩，渲染得淋漓尽致。

　　然而把女娲补天神话题材的文学潜质挖掘并发挥到极致的是明初大文人刘基。好像是对女娲补天故事情有独钟，刘基的诗文中大量采用了女娲补天故事，以此作为渲染气氛、抒情达意的有效手段。比如《丹霞蔽日行》把丹霞蔽日的绚烂景色形容为"女娲在青天，岁莫还炼石"（《诚意伯文集》卷一），《常相思在玄冥》则把想象玄冥之中"寒门六月天雨冰，天关冻折天柱倾"的奇诡现象描绘为"女娲炼石补未成，石鳞迸落如流星"（《诚意伯文集》卷二）。女娲补天的故事原型，成为刘基信手拈来的文学语汇，广泛展现于各类诗文作品之中："却取女娲所抟黄土块，改换耳目口鼻牙舌眉。"（《诚意伯文集》卷十《二鬼》）、"女娲石坠鳌脚折，海水散作云霏霏。"（《诚意伯文集》卷十五《寄宋景连》四首之一）、"苍梧之山绝浮烟，上与女娲所炼之石相牵连。"（《诚意伯文集》卷四《题悬崖兰花图》）、"忆昔康回触折天柱时，女娲扶天立天维。"（《诚意伯文集》卷十六《戏为雪鸡篇寄詹同文》）、"持献女娲皇，天镡或可补。"（《诚意伯文集》卷三《为贾性之赋松石》）、"王母桃花冻不绯，五色石裂女娲噫。"（《诚意伯文集》卷十六《雪鹤篇赠詹同文》）如果说汉魏以后文学的独立使得文人对典故的需求大量增加，故而为神话走向文学提供了广阔的舞台的话，那么随着文学的繁荣和发展，这个舞台的空间会是越来越大。刘基只是一个点，在他前后，以女娲补天作为诗文典故或修辞手法的作品多如牛毛，不胜枚举。

女娲补天神话的文学移位，不仅表现在诗文领域，而且也在小说戏曲等叙事文学作品中留下了深深的印记。由于文体的特性所在，叙事文学作品在表现女娲补天题材时一方面承袭了诗文作品中女娲题材的传统意象和使用角度，增加作品的文学意味，展现出补天题材的无穷文学潜力，其中比较多的是以女娲补天作为既定的符号喻体，指喻与补天意义相近的含义。有的以女娲补天为超人之力的象征，如《三国志通俗演义》："先取荆州后取川，大展经纶补天手。"（第七十五则）《封神演义》："蒙卿等旋乾转坤之力，浴日补天之才。"（第一百回）《真傀儡》杂剧："相公有补天浴日手段，特遣相问。"《玉梨魂》："即令女娲复生，亦少补天之术。"（第三章）《湘烟小录》："白甫此笔，真有炼石补天之妙。"（第十二集）有的以女娲补天指代丰功伟绩，如《英雄成败》杂剧："有旋乾转坤之力，补天浴日之功。"《投梭记》传奇："荷君恩深惭尸素，补天何日？"如《平山冷燕》山黛席上应题所作《五色云赋》，开篇就是"粤自女娲氏炼五色石以补天"一句。接着便以驰骋的想象和优美的语言，展示了一个诗意盎然的世界。书中对该赋写成后众人的反应有这样的描写：众官才看女娲起句，便吐舌相告道："只一起句，便奇特惊人矣。"再读到"彩凤垂蔽天之翼，阴阳刺乾坤之绣"等句，都赞不绝口道："真是天生奇才。"及读完，夏之忠连连点首叹服道："王子安滕王阁序，未必敏捷如此，吾不得不为之搁笔也。"赵公见众人甘心输服，大笑道："这等看来，还是万岁爷有眼力，快进呈！"（第四回）从该赋的内容看，其思路显然是受到女娲以五色石补天及相关的五色云传说的启示，才焕发出如此文采的。与传统的象征隐喻的符号方式略有不同，有些小说作品用女娲补天的典故来诠释小说故事中的某件器物或道具，以增强其说服力和神秘感。如："我这葫芦是混沌初分，天开地辟，有一位太上老祖，解化女娲之名，炼石补天，普救阎浮世界。补到乾宫央地，见一座昆仑山脚下，有一缕仙藤，上结着这个紫金红葫芦，却便是老君留下到如今者。"

　　小说中以女娲补天故事作为构思框架的作品有两部，一是不朽巨著《红楼梦》，一是晚清署名"海天独啸子"的《女娲石》。《女娲石》系借用女娲补天故事宣扬女子爱国救亡，为女性救国张目。小说第一回写天降女娲石，言男子无能，只有女真人出世方能力挽狂澜。该石实为书中反清救国女主人公金瑶瑟的前身。这一构思是受到《红楼梦》的启发。《红楼梦》在艺术上取得巨大成功的重要因素，就是其匠心独运的艺术结构。作为该书艺术结构的核心线索，僧人所携顽石下凡为通灵宝玉是引领全书的主线所在。而这一顽石则是女娲补天所遗："原来女娲氏炼石补天之时，于大荒山无稽崖炼成高经十二丈，方经二十四丈顽石三万六千五百零一块。娲皇氏只用了三万六千五百块，只单单剩了一块未用便弃在此山青埂峰下。谁知此石自经锻炼之后，灵性已通，因见众石俱得补天，独自己无材不堪入选，遂自怨自叹，日夜悲号惭愧。"（第一百二十回）在结构的设计上，作者作了非常对称的首尾呼应和对照：在楔子中以顽石听到茫茫大士和渺渺真人所化一僧一道所说红尘中荣华富贵之事而动凡心而随之下凡，继之以几世几劫后空空道人看到无稽崖青埂峰上见到大块石上所记顽石下凡之经历。结尾处则交代出大士真人将宝玉带回青埂峰，放在女娲炼石补天之处，各自云游而去。继而空空道人再次经过此地，将石上奇文重新抄录，并得到草庵睡者的点拨，将此文授予曹雪芹。不仅如此，作者还把顽石下凡的母题和神瑛侍者浇灌绛珠仙草的故事嫁接合成。于是，顽石不仅变成了贾宝玉，也变成了神瑛侍者和通灵宝玉。这样，小说主人公贾宝玉的身世来历和最终去向就在这充满神秘和浪漫色彩的神话故事背景中得到了充分的渲染和强化，也将女娲补天神话题材的文学移位带入了最高境界。

第四节 龙 门

1. 文学母题

《太平广记卷四百六十六水族三·龙门》："龙门山在河东界。禹凿山断门，阔一里余。黄河自中流下，两岸不通车马……每岁季春，有黄鲤鱼，自海及诸川争来赴之。一岁中，登龙门者，不过七十二。初登龙门，即有云雨随之，天火自后烧其尾，乃化为龙矣。

《后汉书》卷六七《党锢列传》："是时朝廷日乱，纲纪颓弛，膺独持风裁，以声名自高。裁音才代反。士有被其容接者，名为登龙门。"以鱼为喻也。龙门，河水所下之口，在今绛州龙门县。"龙门"典故是源于东汉时期广大学子以接受著名官吏李膺的接待为荣的社会现象。李膺逮捕处决了时宦官张让弟、贪残无道的野王县令张朔，张让向桓帝诉冤，桓帝诏李膺入殿，李膺据理对答，桓帝以无罪开释。李膺的名气既大。其好友陈蕃、杜密、王畅等人也备受知识分子崇拜。太学生视他们为正义和知识的化身，称他为"天下模楷李元礼（李膺）"。后世将"龙门"使用范围从声望高的人的府第扩大为借指科举会试，会试中式为登龙门。"龙门"的典故，也被用来勉励科举考生蟾宫折桂、拔得头筹，一直流传下来，并且在流传的过程中延伸出了许多典故。

2. 主题的开拓、发展

"龙门"典故形成之初，得到了一定的应用，发展出来了一些变体形式，如晋朝袁宏的"登龙门"、房玄龄等的"一世龙门"和"元礼门"等。隋唐时期，随着语言及文学体裁的发展，"龙门"典故的使用日渐增多，使用频率远多于汉朝及魏晋南北朝时期，并出现了"登龙""李膺杯""李膺门""膺门"等变体形式。宋辽金元时期的"龙门"使用状况除了基本承袭隋唐的用法和变体形式外，还出现了如"过龙门""鱼化龙"和"鱼龙变化"等新的变体形式，它们也在当时最具代表性的文体词及曲中出现。明清时期是"龙门"典故出现的高峰期。这期间"龙门"典故广泛用于各种文体，使用频率为历代最高，并且出现了新的变体形式，如"鲤鱼跳龙门""鲤鱼跃龙门"等。民国年间某些文献也沿用了"龙门"的典故。常见的有"过龙门""登龙门""鲤鱼跃龙门"和"李膺门""元礼门""登龙客"等。其中"登龙门""李膺门"最为常见，而"登""过""跳"和"跃"四者皆为动词，基本同义。"鲤鱼跃龙门""鲤鱼跳龙门"和"过龙门"可以说又是"登龙门"的其他形式，而"跃过龙门"和"跳过龙门"因出现次数较少，难以归纳为固定的变体形式。因"李"与"鲤"谐音，"龙门"从民间传说与社会现象的结合中升格为固定典型。"龙门"常被后世的文人用以表明自己希冀受到声望高的名人接待的愿望和登科进士的目标，如清代中还有不少文献提及人们将科举考试的正门称作"龙门"，取其飞黄腾达、改变命运之意。深受中国历史上主流价值观"学而优则仕"的影响，"龙门"这一典故中所蕴含着的丰富内涵亦与中国数千年的科举制度息息相关，表明了中国历代学子积极进取的上进精神。在开放的当今社会，功成名就的方式不再局限于通过考试，而有着更多样化的道路。"龙门"这一典故仍然被广泛应用在多个领域，表达人们美好的"成龙"愿望。

3. 经典原型的分析

李膺的"龙门"，也等同于品评人物的代称。李膺当时在太学生（国立大学生）中享有盛名，太学生臣服于他清流的风采。《党锢列传》太学生说他："天下模楷李元礼，不畏强御陈仲举。"《世说新语》也说："李元礼风格秀整，高自标持，欲以天下名教是非为己任。后进之士，有升其堂者，皆以为登龙门。"能得李膺"拔识"的人，谓之登龙门。汉末以后，"李膺龙门"被用来称呼高风亮节之士或是名震一时的士流领袖，广大学子亦以受到李膺一样的节操高尚的名望者的接待和赏识为荣。对高尚节操的尊崇与追求。死于党锢之祸的李膺，《后汉书》评论其"独持风裁，以声名自高，士有被其容接者，名为登龙门。"（章怀太子注："以鱼为喻也。龙门，河水所下之口，在今绛州龙门县。"）陈蕃、李膺等士族，对抗宦官佞臣，形成了一股风潮，喜欢品题人物，清议政事。普通学子一登龙门，获得李膺的青睐，得其提拔赏识，自然就踏入名士、清流的行列。

　　龙门与"科举考试"。从隋朝至明清的科举制度，它所一直坚持的是"自由报名，统一考试，平等竞争，择优录取，公开张榜"的原则，彻底打破了血缘世袭关系和世族的垄断，对我国古代社会的选官制度，特别是对汉代的察举和征辟制．魏晋南北朝的九品中正制是一个直接有力的改革和否定。科举考试给中小地主阶级和平民百姓提供了一个公平竞争的平台、机会和条件，使大批地位低下和出身寒微的优秀人才脱颖而出，"朝为田舍郎，暮登天子堂"，"十年寒窗无人问，一举成名天下知"。他们一一登上历史的政治舞台，成为统治阶级的栋梁之材。这种公开举行且较为平等的考试不仅改善了用人制度，还在当时起到了改变考生命运的作用。明清两朝的进士之中，接近一半是祖上没有读书，或有读书但未作官的"寒门"出身。但只要他们能"一登龙门"，便自然能"身价十倍"。这种戏剧性的变化如同"鲤鱼跃龙门"这一民间传说一样，离奇而诱人。贫寒学子摆脱寒门出身，给自己乃至家庭的际遇带来翻天覆地的改变也只在朝夕之间。甚至如《红楼梦》中的豪门大户贾家在门庭没落后也将希望寄托在贾宝玉和贾兰身上，希冀二人在科考中得以高中，借此复兴家业、重振门楣。

　　儒家"入世"思想的具象体现。儒家思想一直是中国传统知识分子所尊崇的主流思想，其中的"学而优则仕"更是被历代文人奉为圭臬，于是这也造就了天下学子对功名的追逐与渴望。与超脱的道家思想不同，儒家学说一直讲究"入世"一说。如范仲淹一直以"先天下之忧而忧，后天下之乐而乐"作为人生目标，积极参与社会活动，希望人生能达到"有为"的状态。是否"有为"、能否"治国、平天下"也是当时社会评价"成功"与否的主要标准。而完成这些人生理想的主要方式就是参加科举考试，跃过龙门、博得功名。历代学子对于功名与成就的渴求来源于影响了中国几千年的儒家思想内核的深层推动。自从汉代董仲舒将儒家思想的地位确定下来之后，这种思想也渐渐地制度化。其中制度化的成果之一就是科举考试制度的确立，这也是儒家"入世"思想的具体表现。它们二者是相辅相成的，参加科举考试表明意欲"入世"、实现人生价值；而金榜题名则是产生一批未来的贤臣名相，巩固了科举考试这一人才选拔制度的基础。

第五节　勒石燕然

1. 文学母题

"勒石燕然"的典故源于东汉和帝时，东骑将军窦宪率军与北匈奴战于稽落山，大获全胜，窦宪等因此登上燕然山，叫班固作"燕然山铭，刻石勒功。"《后汉书》卷二十三《窦融传》附的《窦宪传》："（宪）与北单于战于稽落山。大破之。虏众崩溃，单于遁走……斩名王已下万三千级，获生口马牛羊橐驼百余万头……率众降者，前后二十余万人。宪、秉遂登燕然山，去塞三千余里，刻石勒功，纪汉威德。"

　　窦宪在古今文人墨客眼中被公认为是东汉外戚专权的祸首，因而备受贬斥，但与匈奴这一战，结束了延续数百年的汉匈战争，使边疆人民生活得到安定，促进了民族统一大业，其功绩是不可能被淹没的，使得"勒石燕然"的典故为后人传颂，后用以表达立功边疆、建功立业。更激励了许多热血男儿建功边疆、效力国家，成为后人的楷模。"勒石燕然"也以立功边疆、建功立业之意流传下来。

2. 主题的开拓、发展

　　"勒石燕然"作为固定的典故形式首次出现在唐朝阳李延寿《南史》卷七七《孔范列传》："隋军既逼，蛮奴又欲为持久计，范又奏：'请作一决，当为官勒石燕然。'后主从之。"

　　边疆问题在我国古代就关乎国家的统一安定，但却始终未能彻底解决，所以"勒石燕然"的典故形成之后，就有许多欲立功边疆之人引用，以抒发自己的壮志情怀。在南北朝时已有"勒石燕然""燕山石"等变体形式多出现在诗歌、史书中。唐时"勒石燕然"的变体形式更加丰富，使用数量也大量增加，是其变体形式的"黄金期"，尤其在诗歌中较多使用，"勒勋燕石""勒燕然石""铭燕石""燕然山""勒燕然颂"等形式，运用较为灵活。宋辽金、元明清时期主要是沿用以前已经形成的典故形式，形成的新典故数量较少，宋辽金相对来说典故的使用较活跃，不再拘泥于之前的固定形式，使用更为灵活，可以将典故拆开来表达更丰富的含义，如"燕然车骑功""燕然勒铭""窦宪勒燕然"等，元明清时期划多使用固定下来的形式。由于"勒石燕然"与历史环境紧密联系，在国家危难、边疆战乱的年代，有抱负的古人都急于想立功边疆，为国效力，继而在诗歌和文章中表现出来。南朝齐国孔稚珪《白马篇》："勒石燕然道，凯归长安亭。"（南朝齐孔稚珪《白马篇》），唐朝霍总《塞下曲》："岂要铭燕石，平生重武威。"（唐霍总《塞下曲》），宋朝陆游《夜泊永林》："腰间羽箭久凋零，太息燕然未勒铭。"（宋·陆游《夜泊永村》），明朝汪廷讷《种玉记·闻命》："桓桓大将操兵柄，管此去单于系颈，马到处燕然勒名。"（明汪廷讷《种玉记·闻命》），又如宋朝吴文英《沁园春》："贾傅才高，岳家军在，好勒燕然石上文"，清朝潘相《琉球入学见闻录》："德有亲而可久，教靡远而不遵；燕然勒石，瀚海无尘"，唐朝李峤《送骆奉札从军》："希君勒石返，歌舞入城闱"，唐朝皇甫冉《春思》："为同元戎窦车骑，何时反旆勒燕然"，宋朝陆游《秋郊有怀》："曲铭燕然石，千载镇胡儿。安能空山壁，冻研哦清诗"，宋朝佚名《沁园春·寿东屏》："奏捷淮堧，勒功燕石。鼓吹凯旋"。

参考文献

1. 王弼，注. 老子道德经注 ［M］中华书局，2012.
2. 孙通海，译. 庄子 ［M］中华书局，2015.
3. 孙武，撰. 十一家注孙子 ［M］中华书局，2015.
4. 朱熹，撰. 四书章句集注 ［M］中华书局，2014.
5. 郭象，注. 成玄英，疏. 庄子注疏 ［M］中华书局，2011.
6. 赵应铎，主编. 中国典故大辞典 ［M］上海辞书出版社，2015.
7. 唐子恒，著. 汉语典故词语散论 ［M］齐鲁出版社，2006.
8. 何晏，注. 邢昺，疏. 论语注疏 ［M］中国致公出版社，2016.
9. 孙立群 李爱珍，编写. 常用典故分类词典 ［M］上海大学出版社，2010.
10. 王力，主编. 中国古代文化常识 ［M］世界图书出版公司，2007.